今より強く！を目指して

～アスリートの身体づくりと食のエッセンス～

編著　公益財団法人 日本陸上競技連盟 医事委員会

ライフサイエンス出版

まえがき

　東京2020オリンピック・パラリンピックを控え、アスリート達の熱い闘いが国内外で繰り広げられています。高いパフォーマンスを獲得し、維持し、競技会で納得のいく結果を出すには厳しいトレーニングが必要です。しかし、それだけでは十分ではありません。トレーニングや競技会で使われたエネルギーを補い、それらを吸収し、体のダメージを回復させる適切な食事と十分な休養も必要です。一方で、激しいトレーニングのため食欲が低下して、必要量の食事をとれない、もしくは高いパフォーマンスを得るためと指導され、無理な減量で体調を悪くしているアスリートもいます。特に、心身ともに成長過程にある中学生や高校生にこのようなケースが見られ、すでに疲労骨折やバーンアウトを起こしているアスリートも見られます。スポーツにおける医科学、栄養学が進化した今の時代でもアスリートに起こる様々な障害は十分には予防されていません。

　公益財団法人日本陸上競技連盟（日本陸連）ではアスリートの健康確保およびスポーツの健全な発展をスポーツ栄養の視点から考え、医事委員会に公認スポーツ栄養士（管理栄養士）よりなる栄養プロジェクトチームを設置しました。トップアスリートから成長過程にある若いアスリートまでが共通して抱える栄養の問題に関して、アスリートのみならず、指導者そして保護者などに啓発活動をしてきました。さらに、日本陸連栄養セミナーを開始し、陸上競技アスリートだけではなく、すべてのアスリー

トに共通する鉄剤注射の問題（2016年）、疲労骨折の問題（2017年）、エネルギー不足の問題（2018年）、そしてサプリメント使用の問題（2019年）をとり上げ、それぞれのセミナーにおいてスポーツ界、そしてすべてのアスリートに対して提言を行ってきました。"You are what you eat" といわれるように、身体は食べたものでできています。アスリートは一般の方々以上に、栄養摂取に貪欲になる必要があります。

　日本陸連は現場におけるスポーツ栄養をさらに強化し、メディカルサポートに有機的に資するために、2019年に栄養プロジェクトチームをスポーツ栄養部に改編しました。競技団体としてアスリートを栄養面からも強力にサポートする、まさしく医食同源の実現を目指しています。

　本書は日本陸連医事委員会の医師、公認スポーツ栄養士（管理栄養士）が、栄養セミナーでとり上げたトピックスだけではなく、アスリートの栄養摂取の重要性、暑熱環境でのパフォーマンスの維持などについて、指導者やアスリートのために新たに書き起こしたものです。

　陸上競技だけでなく、多くのスポーツを楽しむアスリートに有益な情報がふんだんに盛り込まれています。

　鉄剤注射に頼らない、サプリメント使用に頼らない、そして栄養摂取について適切に判断できるアスリートに育ってもらいたいと思います。

公益財団法人日本陸上競技連盟　理事・医事委員長　山澤文裕
2019年10月

目次

まえがき　2

第1章　アスリートの基本的な食事の考え方　9
1. アスリートにとっての食事の意義　10
2. アスリートの食事の基本形　14
3. アスリートの栄養アセスメントとその活用方法　18

第2章　競技別 エネルギー・食事のとり方とユース・ジュニア期の身体づくり　23
1. スピード・筋力系スポーツ（短距離・跳躍）の食事のとり方　24
2. 持久系スポーツ（中・長距離）の食事のとり方　28
3. 投擲競技（砲丸投げ・槍投げ・円盤投げ）の食事のとり方　32
4. ユース・ジュニア期の発育・発達と食事　36

アスリートのリカバリーを科学する　40

第3章　貧血を予防する　43
1. アスリートにとっての貧血　44
2. 鉄は、足りなくても、多すぎても良くない ― 鉄摂取の注意点　48
3. 貧血予防のために必要な栄養素　52
4. 貧血にならないための食事の基本　55

日本陸連アドバイス　アスリートの貧血対処7か条　59

第4章　疲労骨折を予防する　61
1. 運動時のしつこい痛みがサイン　62
2. 疲労骨折の原因をさぐる　66
3. ジュニア期は疲労骨折発生のピーク　70
4. 予防のカギは食事　74

日本陸連アドバイス　疲労骨折予防10か条　78

第5章　エネルギー不足を予防する　　81
1. 女性アスリートを悩ませる月経とヘルスケア　　82
2. 事例でみる女性アスリートの健康障害　　87
3. エネルギー不足を予防するアスリートの食事と栄養　　92
日本陸連アドバイス　アスリートのエネルギー不足予防10か条　　96

第6章　熱中症を予防する　　99
1. 熱中症が増えている　　100
2. 熱中症はどうして起きる？　　104
3. 熱中症かな、と感じたら　　112
スポーツ活動中の熱中症予防5ヶ条　　114

第7章　サプリメント摂取の考え方　　115
1. アスリートとサプリメント摂取　　116
2. サプリメントとの適切な向き合い方　　121
日本陸連アドバイス　サプリメント摂取の基本8ヶ条　　124

Column	
ビタミンCの役割	15
体組成率の測り方	21
体重コントロール時の摂取エネルギー調節	27
全員が同じ練習量になっていませんか	37
バランス良く食べるために――"三角食べ"の勧め	39
スポーツが原因で貧血に!?　ヘプシジン関与説	58
女性アスリートと疲労骨折〜女性ホルモンと骨の関係〜	69
無月経アスリートへの対処法	86
WBGTの求め方	111

付録　今日から実践！　目的別アスリート飯（めし）　　127

参考文献　　154

■章末にある「日本陸連アドバイス」は、公益財団法人日本陸上競技連盟が発表した当時の内容をそのまま掲載しています
最終閲覧は、2019年10月です

執筆者一覧（各章五十音順）

■まえがき

山澤文裕　丸紅東京本社診療所（公益財団法人日本陸上競技連盟 理事・医事委員長）

■第1章 アスリートの基本的な食事の考え方

葛西真弓　帝京大学スポーツ医科学センター（公益財団法人日本陸上競技連盟 医事委員会 スポーツ栄養部）

長坂聡子　株式会社楽天野球団（公益財団法人日本陸上競技連盟 医事委員会 スポーツ栄養部）

浜野 純　立命館大学スポーツ健康科学研究科（公益財団法人日本陸上競技連盟 医事委員会 スポーツ栄養部）

■第2章 競技別 エネルギー・食事のとり方とユース・ジュニア期の身体づくり

大畑好美　森永製菓株式会社（公益財団法人日本陸上競技連盟 指導者養成委員会・医事委員会 スポーツ栄養部）

葛西真弓　帝京大学スポーツ医科学センター（公益財団法人日本陸上競技連盟 医事委員会 スポーツ栄養部）

鈴木いづみ　順天堂大学スポーツ健康科学部 協力研究員（公益財団法人日本陸上競技連盟 医事委員会 スポーツ栄養部）

長坂聡子　株式会社楽天野球団（公益財団法人日本陸上競技連盟 医事委員会 スポーツ栄養部）

松本 恵　日本大学文理学部体育学科（公益財団法人日本陸上競技連盟 医事委員会 スポーツ栄養部）

■第3章 貧血を予防する

浜野 純　立命館大学スポーツ健康科学研究科（公益財団法人日本陸上競技連盟 医事委員会 スポーツ栄養部）

松本 恵　日本大学文理学部体育学科（公益財団法人日本陸上競技連盟 医事委員会 スポーツ栄養部）

真鍋知宏　慶應義塾大学スポーツ医学研究センター（公益財団法人日本陸上競技連盟 医事委員会副委員長・科学委員）

山澤文裕　丸紅東京本社診療所（公益財団法人日本陸上競技連盟 理事・医事委員長）

■第4章 疲労骨折を予防する

鎌田浩史　筑波大学整形外科（公益財団法人日本陸上競技連盟 医事委員）

鈴木いづみ　順天堂大学スポーツ健康科学部 協力研究員（公益財団法人日本陸上競技連盟 医事委員会 スポーツ栄養部）

田原圭太郎　東京都立多摩総合医療センター 整形外科（公益財団法人日本陸上競技連盟 医事委員）

鳥居 俊　早稲田大学スポーツ科学学術院（公益財団法人日本陸上競技連盟 医事委員会副委員長）

■第5章 エネルギー不足を予防する

田口素子　早稲田大学スポーツ科学学術院（公益財団法人日本陸上競技連盟 医事委員・医事委員会 スポーツ栄養部）
塚原由佳　慶應義塾大学医学部スポーツ医学総合センター（公益財団法人日本陸上競技連盟 医事委員）
難波 聡　埼玉医科大学病院産婦人科（公益財団法人日本陸上競技連盟 医事委員）

■第6章　熱中症を予防する

加藤 穣　筑波大学附属病院水戸地域医療教育センター JA 茨城県厚生連総合病院 水戸協同病院
　　　　（公益財団法人日本陸上競技連盟 医事委員）
世良 泰　慶應義塾大学医学部スポーツ医学総合センター（公益財団法人日本陸上競技連盟 医事委員）
田畑尚吾　慶應義塾大学医学部スポーツ医学総合センター（公益財団法人日本陸上競技連盟 医事委員）

■第7章 サプリメント摂取の考え方

杉浦克己　立教大学コミュニティ福祉学部スポーツウエルネス学科
田畑尚吾　慶應義塾大学医学部スポーツ医学総合センター（公益財団法人日本陸上競技連盟 医事委員）

◆付録 今日から実践！目的別アスリート飯

臼田梨紗　日本郵政グループ女子陸上部（公益財団法人日本陸上競技連盟 医事委員会 スポーツ栄養部）
澤野千春　ワコール女子陸上競技部（公益財団法人日本陸上競技連盟 医事委員会 スポーツ栄養部）
浜野 純　立命館大学スポーツ健康科学研究科（公益財団法人日本陸上競技連盟 医事委員会 スポーツ栄養部）

■本書の食品リストや献立は、一部表示のあるものを除いて、文部科学省 科学技術・学術審議会資源調査分科会報告による日本食品標準成分表 2015 年版（七訂）に準拠した食品成分表の値を用いて掲載または計算しています。

■本書では、エネルギー源となる炭水化物を"糖質"と表記しています。

第1章 アスリートの基本的な食事の考え方

アスリートは常に
自身のパフォーマンスの向上を目指して、
日々、トレーニングに励んでいます。
その根幹である身体づくりに欠かせないのが食事です。
身体は、私たちが日頃食べているものでできているからです。
ではアスリートに相応しい食事とは何？
と思うかもしれませんが、けっして特別なものではありません。
大事なのは「考えて食べる」ことなのです。

1. アスリートにとっての食事の意義

👆Point

● アスリートの身体は、食べているものでできている

● アスリートでも基本の食習慣を大切に

● 朝食・昼食・夕食+補食を合わせて「1日の食事」と考えて！

アスリートだからといって特別な食事ではない

みなさんは、食事を"考えて"食べていますか？

食事は生命の維持だけでなく、身体を健康に保つために必要不可欠です。加えてアスリートの場合、食事はトレーニングで消費されたエネルギーを補給し、トレーニングをしっかりできる身体づくりとコンディションを良好に保つために欠かせない要素です（図1）。そのため、ただ好きなものを好きなだけ食べるのではなく、自分の競技特性や練習量などを考慮した上で、"何を""どのくらい""どのように"食べると良いのかを"考える"必要があります。

しかしアスリートの食事だからといって、特殊な食品や特別な料理が必要というわけではありません。普段、家族みんなで食べている食事を工夫すれば良いのです。

あなたの食習慣は？

まずは、以下の日常の基本的な食習慣を見直しましょう。

① 3食しっかり食べている。
② 好き嫌いがない（または食べる努力をしている）。
③ バランスの良い食事を心掛けている（P.14「2. アスリートの食事の基本形」参照）。

この3つの食習慣を継続することが身体づくりの基礎となります。例えば、身体で使われるエネルギーを生み出す際には、多くの補酵素（手助けする物質：ビ

タミン B₁、B₂、ナイアシン、パントテン酸などのビタミン B 群の栄養素）が関係しています。アスリートでは消費エネルギーの増加に伴い、補酵素として使われる栄養素の必要量も高まりますが、基本的な食習慣を確実に実行するだけでも、これらの多くの栄養素を上手に補うことができます。ただし、アスリートとして、それだけでは十分ではありませんし、さらに自分の目的（例えば継続的な貧血予防など）を達成するための食事を考える必要もあります。そのためには食事に対する正しい知識の習得が必要で、習得すれば少しずつ"食品の選び方"や"献立の組み合わせ方"がわかり、食事を自分でコントロールすることができるようになります。

ただし、ケガや貧血の予防、増量や減量など身体づくりの上で自分だけでは解決できない場合、もしくは、さらに高度なトレーニングを積んで競技力を向上させたい場合には、アスリートのための食の専門家である公認スポーツ栄養士*に相談してみましょう。

＊公認スポーツ栄養士とは、スポーツ栄養を専門とする管理栄養士で、公益社団法人日本栄養士会および公益財団法人日本スポーツ協会の共同認定による資格。公認スポーツ栄養士登録者数は 2019 年 10 月時点で 374 名おり、様々な場で活躍している。

1 日の食事＋補食の意義を考えてみよう

アスリートの1日の食事をどのように考えれば良いか、主な役割を朝食、昼食、夕食、補食に分けて整理しましょう。

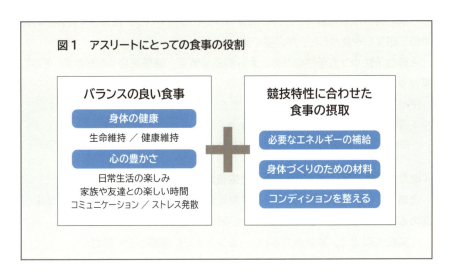

図1　アスリートにとっての食事の役割

<朝食> 1日の活動のスイッチを入れる

・主に活動を始めるためのエネルギーになるとともに、寝ている時に汗や呼吸で出ていく水分を補うことで1日の活動を始めるための「スイッチ」が入り、生活のリズムが整います。

・アスリートは一般人よりも多くの栄養素の必要量が高まるため、朝食をしっかりと食べる習慣をつけることが重要。慌（あわ）ただしい朝は、食事の準備がおろそかになりがちなので、食事内容をある程度パターン化することも1つの方法です。

例：ごはん、みそ汁、卵料理、温野菜（ブロッコリーなど）、納豆、牛乳、果物など、オリジナルのモーニングセットを考える。

また朝食をほとんど食べていない場合は、その原因があるはずです。図2のチェック項目で、自分の生活について確認してみましょう。

<昼食> 午後のエネルギーチャージ

・午後のトレーニングに向けて、肝臓や筋肉の中のエネルギー源（筋グリコーゲン）の回復のために糖質の多いごはん（パン・麺など）をしっかり食べましょう。

・さらに筋肉の回復の材料であるたんぱく質の多いおかずや多くの栄養素を含む野菜のおかずも必要です。

・昼食としてだけでなく、トレーニング前後の補食を活用して、牛乳やチーズ、果物、果汁100％ジュースなどを用意すると良いでしょう。

<夕食> トレーニング後の身体を回復させる

・次の日の練習に備えるために糖質の多いごはんやパン、たんぱく質の多い肉や魚、卵などを食べることが必要です。

・貧血予防やケガ予防のため、大豆製品や野菜、海藻を使ったおかず、そして果物や乳製品も加えましょう。

例：一度にいろいろな栄養素をとる方法として具だくさんの汁ものはお勧め。特に帰宅時間が遅くて基本形の食事をつくれない場合は最適です。家に帰るまでに時間がかかる場合には、補食の活用が有効です。

<補食> 3食で足りないエネルギーと栄養素を補う。おやつとは違う

食事でとりきれないエネルギーと栄養素の補給以外に、トレーニングの効果を高めるためや身体をつくるための材料を身体に取り入れます。

・高校生以上で、昼食後からトレーニングまでに時間が空く場合：

エネルギー源となる糖質が多いものを補食として活用すると良いでしょう。
例：小さなおにぎり、果物や果汁100％ジュース、スポーツドリンクなど。
・朝練後や、午後に練習があり帰宅までに時間がかかる場合：
糖質＋たんぱく質を補給できる食品がお勧め。
例：具多め（さけ、しぐれ煮、肉そぼろなど）のおにぎりやサンドイッチ、果物、果汁100％ジュース、チーズや牛乳など。

「食事」は、私たちの"心の豊かさ"を育むという役割も持ち合わせています。家族や友人と一緒に食事をしながら会話を楽しんだり、おいしいものを食べた時の幸福感、そして当たり前のように食事ができることへの感謝など、人として大切なことを食事から与えられています。厳しいトレーニングに取り組むアスリートこそ、エネルギーや栄養素の確保だけの食事ではなく、多くの人とつながりをもち、楽しい時間を大切にすることを忘れないようにしましょう。

図2　朝食をとらない原因と対応法

CHECK! チェックしてみよう！

☐ 夕食を食べる時間が遅く、食べる量が多めだ
☐ 寝る間際まで食べていることがある
→ 特に帰りが遅い場合は、夕練習後に補食（おにぎりやサンドイッチなど）をしっかりとり、夕食は脂っこいものや揚げものを控えよう

☐ 寝不足で、朝の寝起きが悪い
☐ 朝食を食べる時間があまりとれない
→ 夜は、携帯電話やテレビをみる時間を控え、できるだけ早めに寝て睡眠時間を確保しよう

☐ 朝練があり、食事をしっかりとることが難しい
→ 朝練後に補食をとろう

2. アスリートの食事の基本形

👆Point

● まずはアスリートの食事の基本形を覚えよう

● 5つのカテゴリーがそろった食事かどうか評価する

● 無理な減量・食事制限は、貧血や疲労骨折のリスクを高める

　アスリートにとって食事は、身体をつくる、コンディショニング、さらにパフォーマンスのために重要な役割を果たします。そのためにプロテインを含むサプリメントなどを摂取している人がいるかもしれませんが、食事の基本がしっかりしていなければ、特別なことをしても身にはなりません。

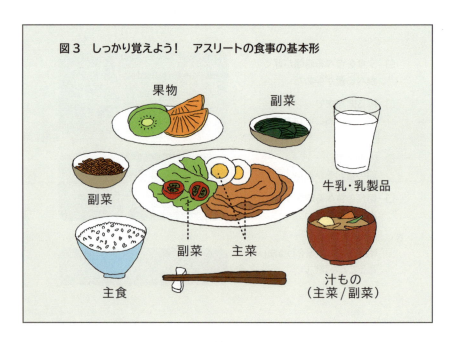

図3　しっかり覚えよう！　アスリートの食事の基本形

まずは「食事の基本形」5つのカテゴリーを覚えることから

アスリートにとって、どのような状況でも自分に合った食事を自分で選択できる能力を身につけることが重要です。そのための指標となるのが「アスリートの食事の基本形」と呼ばれる、①主食、②主菜、③副菜、④牛乳・乳製品、⑤果物の5つのカテゴリーがすべてそろった食事です（図3）。

表1に、それぞれのカテゴリーの特徴を整理しました。これらすべてのカテゴリーをそろえた食事を毎食とることで、成長や身体づくりなどに必要な様々な栄養素を摂取することができます。この食事の基本形を覚え、常に自分の食事内容を評価する習慣をつけましょう。

> *Column*
> ### ビタミンCの役割
>
> ビタミンCは細胞と細胞をつなぐ役割をもつコラーゲンの生成に関わっているため、日々のトレーニングにより腱や靭帯を酷使している選手にとって、重要な働きを担っています。また、血液中の白血球作用の増加に関わっており、免疫力を高めるためにも重要です。他にも鉄の吸収促進や抗ストレス作用などがあり、身体づくり、コンディショニングにおいてとても重要な栄養素です。水溶性ビタミンなので、一度に多量に摂取しても尿中に排泄されてしまい、体内に蓄えることができません。そのため、毎食の食事でビタミンCを多く含む果物（図4）を摂取し、常にビタミンCが不足しないようにしておく必要があります。
>
> **図4　ビタミンCを多く含む果物**
>
>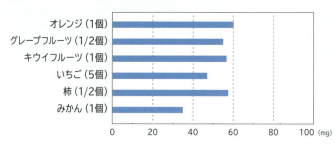

自分の身体は自分でつくる！

　食事は薬のように即効性がないため、効果をすぐには感じにくいかもしれませんが、身体は食べたものからできています。つまり何を食べるかによってどのような身体がつくられるかが決まります。それを決めているのは、アスリート自身。強い身体をつくるために、食事の基本形を意識しながら、毎日の食事で必要なエネルギーと栄養素を十分に摂取しましょう。

表1　「アスリートの食事の基本形」5つのカテゴリーの特徴を知っておこう

	主な食品	主な栄養素	主な役割
① 主食	ごはん／もち／パン／麺類など	糖質	筋肉や肝臓、血液中にグリコーゲンとして蓄えられ、身体と脳のエネルギー源となる。持久系のトレーニングからウェイトトレーニングまで、幅広い運動強度で必要。
② 主菜	肉類／魚類／卵／大豆製品　など	たんぱく質／脂質／ミネラル	たんぱく質は筋肉や骨、血液だけでなく、酵素やホルモン、免疫グロブリンなど、身体すべてをつくる。
③ 副菜	野菜／海藻／きのこ／いも類　など	ビタミン／ミネラル／食物繊維	骨や血液の材料、身体の調子を整える免疫力向上や貧血予防、便秘予防など。きのこ類に含まれるビタミンDはカルシウムの吸収を高める。海藻類に含まれるマグネシウム（ミネラル）は骨の質に関係する。
④ 牛乳 乳製品	牛乳／ヨーグルト／チーズ　など	たんぱく質／ミネラル（特にカルシウム）／ビタミン	カルシウムは骨に多く貯蔵され、骨密度を高める。約99％が骨や歯に、約1％は血液中に貯蔵されている。
⑤ 果物	オレンジ／グレープフルーツ／いちご／キウイ／みかん／バナナ／りんご／ぶどう／もも／果汁100％ジュースなど	糖質／ビタミン	糖質はエネルギー源になる。ビタミン（ビタミンC）はコラーゲンの材料になる、鉄の吸収を高める、抗酸化作用をもつ。

不足した場合のデメリット	摂取による効果
エネルギー不足となり、疲労困憊の状態に陥って、トレーニングの質が低下する。脱力感やめまいなどを引き起こし、パフォーマンスが低下。集中力や判断力の低下によりケガをする可能性も。	消費したグリコーゲンをできるだけ早く再補充することで、疲労を回復させる。
貧血や体内の筋たんぱく合成が低下する。ただし、過剰摂取は体重や体脂肪量を増加させ、パフォーマンスに悪影響を及ぼす可能性もあるので、プロテインなどのサプリメント摂取や食事量には注意する必要がある。	貧血予防、スピードや跳躍力に必要な筋量の維持・増加。
コンディション不良。免疫力が低下する。マグネシウムが不足すると骨の強度が低下する。また、筋肉がつりやすくなる。	緑黄色野菜にはカロテン（ビタミンAの一種）やビタミンC、カルシウム、鉄などのミネラル類が豊富。ビタミンAはのどや鼻の粘膜を正常に保つ。野菜の目安の摂取量は緑黄色野菜、淡色野菜合わせて1日350g以上。副菜は毎食2品以上とりたい。
カルシウムは体内でつくることができないため、長期間不足すると骨の強度や骨密度が低下し、疲労骨折、骨折リスクが上昇。アスリートでは多量の発汗によるカルシウム排泄量の増加、緊張や疲労などによる胃腸の消化吸収機能低下で吸収率が低くなる可能性がある。	特に20歳代前半までのアスリートはカルシウムの十分な摂取により骨密度を高めることが可能。毎食、補食にも取り入れたい。
免疫力の低下。	体調を整える。鉄の吸収を高めることで貧血予防に効果的。

3. アスリートの栄養アセスメントと その活用方法

👉Point

● アスリートは「自分の健康状態と栄養状態を把握すること(栄養アセスメント)」が大切
● 「いつまでに何をすべきか」を具体的に考えていこう
● 定期的に状況確認し、取り組みの効果を確認しよう

アセスメントとは自分の現状を把握すること

　アスリートは毎日激しいトレーニングを行い、努力を重ねていますが、その最終目標は競技力を向上させることでしょう。しかし、練習だけをがむしゃらに頑張ることが最終目標までの近道とは限りません。競技力の向上には、その競技や個人に適したエネルギー摂取量・身体組成・血液状態などが関わってきます。そこで、自分の現状を把握し、課題を抽出することが必要となりますが、それを「栄養アセスメント」と呼んでいます。
　表2にアスリートの栄養アセスメント項目(パラメーター)を示します。これは、一般人を対象に行われる栄養アセスメント4項目(A～D)にEとPを追加したアスリート向けの項目となっています。これらで現状を把握し、選手の問題点を抽出して改善策を検討していきます。

代表的な栄養アセスメント項目

●身体計測

　身体組成(骨や筋肉、脂肪、水分など身体を構成している成分)の把握は、ベストパフォーマンスを発揮するための重要な要素の一つです。身体組成の測定法で一般的なのは、体組成計で測る方法で、体重を「体脂肪量」と「除脂肪量」の2つに分類する方法が多く使用されます。除脂肪量は体重から体脂肪量を引いた

組織の量で、骨格筋（筋肉）や骨、血液、臓器、神経などを指します。この除脂肪量の約50％を骨格筋が占めています。

　骨格筋は持久力や筋力と関連があることから、骨格筋つまり除脂肪量を増やすことは持久力や筋パワーの向上につながるといえます。アスリートは体脂肪率に注目しがちですが、競技力に影響を与える除脂肪量にも着目し、数値の変動を追っていくことが必要です。

表2　アスリートの栄養アセスメントのパラメーター「A to E ＋ P」

	パラメーター	スポーツ栄養で確認すべき項目
A	身体計測 (anthropometric methods)	身長、体重、体脂肪率、皮下脂肪厚、体脂肪量、除脂肪量、骨量、骨密度、長さや周囲径などの身体計測値
B	生理・生化学検査 (biophysical and biochemical methods)	心拍数、血圧、体温、血液生化学的データ、尿検査データ
C	臨床診査 (clinical methods)	栄養状態の変化に伴う自覚症状、スポーツドクターによるメディカルチェック結果、身体所見、既往歴、現病歴、生活歴、体重歴、心理学的パラメーター、睡眠状態、月経状況、服薬状況
D	食事調査 (dietary methods)	エネルギーおよび栄養素の摂取状況、食品摂取状況、エネルギー産生栄養素バランス、摂取タイミング、補食の有無や内容、水分補給状態、食習慣、食事歴、サプリメントなどの使用状況、嗜好やアレルギーの有無
E	エネルギー消費量の推定 (energy expenditure estimation)	1日の総エネルギー消費量の推定、トレーニングによるエネルギー消費量の把握
P	その他のスポーツ特有の項目 (performance)	パフォーマンスの評価、心理的評価、トレーニング状況の評価など

（田口素子 責任編集．2017[1] より引用）

●推定エネルギー必要量の把握

　ハードなトレーニングを積むアスリートはエネルギー消費量が多いため、適切なエネルギー量を摂取することが身体づくりにとって重要です。そこで、どのくらいのエネルギー量を摂取すれば良いのかを検討する方法の一つに「推定エネルギー必要量の算出」があります。アスリートの推定エネルギー必要量は、以下の式で算出されます[2]。

推定エネルギー必要量＝27＊（kcal/kg/日）×除脂肪量（kg）×身体活動レベル（PAL）

＊これまでの研究成果から、上記の式により1日に必要なエネルギー量の目安を推定することができます。論文中の式を元に計算しやすいよう改変してあります。身体組成測定法やPALの選択によっても異なりますので、数値はあくまでも目安としてお使いください。

　身体活動レベル（PAL：physical activity level）とは、1日の身体活動の強度を示す指標です。陸上選手のPALは表3を参考にすると良いでしょう。なお、除脂肪量は体脂肪率から算出することが可能です（図5）。
　エネルギー摂取量とエネルギー消費量のバランスを評価する最も簡単で正確な方法は体重測定です。エネルギーの摂取量と消費量が等しければ体重は維持されますが、エネルギーの摂取量が多いと体重は増え、消費量が多いと体重は減ります。練習量に応じてエネルギー消費量は変化するので、体重を定期的にモニタリング（状況確認）して、自分の身体づくりの目標に対してエネルギー摂取が適切にできているのかを確認していきましょう。

栄養アセスメント結果の活用方法

　栄養アセスメントで現状を把握し、問題点を抽出した後は、理想の状態に近づくための作戦を考えていきます。体重や体脂肪率などの身体組成の理想値は一人一人異なるため、定期的に身体組成を測定して記録をつけ、調子の良し悪し、競技をした時の身体の動きや感覚などのコメントを残しておくことも判断材料の一つとなります。
　現在は体重・体脂肪率を記録し、折れ線グラフで視覚的にわかりやすく把握できるスマートフォンのアプリもあるので、そちらを活用するのも良いでしょう。
　理想の状態に向けて取り組む際に重要なことは、いかに具体的な取り組みを挙げるかです。例えば、血液検査の結果で貧血だと診断された場合、貧血改善に

向けてできるだけ具体的な取り組みを開始します。そこで、「鉄が入っている食べものを食べる」という漠然とした目標と、「外食では定食屋さんでレバニラ、牛肉と野菜の炒めものなど鉄を豊富に含む料理を選ぶ、鉄強化牛乳を1日1杯飲む」という目標とでは、後者の方が目標達成の可能性が高まります。また、いつまでに実現させるのか、達成の時期を明確に示すことも大切です（図6）。

表3 種目系分類別の身体活動レベル（PAL）

種目 カテゴリー	種目例	トレーニング日	オフ日
持久系	競歩、マラソン、10,000m、5,000m	2.0〜3.0	1.75
中間型	混成競技	2.0〜2.5	1.75
筋力・瞬発力系	100m、400m、リレー、ハードル、投擲、跳躍	2.0〜2.5	1.75

● 練習内容によっても異なるため、あくまでも参考値です。

> **Column**
> **体組成率の測り方**
>
> 体組成計で一般的なのはインピーダンス法と呼ばれる方法で、手で握ったり立つ位置に銀色の電極がついている測定機器で測ります。この測定法は身体の水分の影響を受けるため、練習直後や入浴後などの脱水状態で測定をすると正しい結果を得ることができません。起床時排尿後、練習前、入浴前など体水分量が安定した条件で測定しましょう。
> ※測定時は素足で、なるべく裸に近い状態で測定することをお勧めします。

図5　除脂肪量の算出方法

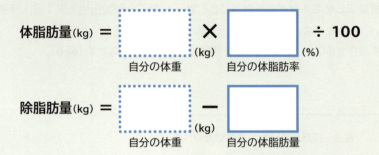

図6　目標・行動明確化シート（記入例）

| 目標・行動明確化シート | 氏名　〇〇〇〇 |

| スローガン | 夏合宿に入るまでにどうなっているかの意思表明

ヘモグロビンを13g/dL以上にする
風邪を引かず、万全の状態で夏合宿に入る

① 現在のコンディション面、競技面での課題

ヘモグロビンが11.5g/dLで疲れが抜けない
練習を積めるようになるといつも風邪を引いてしまう

② ①の課題をクリアするために、取り組むこと（具体的に記入する）

食事面	トレーニング、日常生活、その他
・外食ではレバニラ、牛肉と野菜の炒めものなど鉄を豊富に含む料理を選ぶ	・練習前後の体重を測り、発汗が多い時は水分と鉄の摂取を特に意識する
・色の濃い野菜を毎食必ず食べる（冷凍野菜を必ずストックしておく）	・手洗い、うがいをこまめにする
	・良い睡眠を得るために、寝る30分以内はスマートフォンを見ない

● 部屋の目につくところに掲示するなどして常に意識しよう。
● 期限が来たら結果を確認しよう。目標を達成できなかったら何を改善すべきかを考えよう。

第2章 競技別 エネルギー・食事のとり方とユース・ジュニア期の身体づくり

アスリートの食事は、競技種目によって必要なエネルギー・栄養素が違います。瞬発的なパワーを必要とする競技と、競技時間が1時間以上に及ぶこともある持久系競技とでは、多くとりたい栄養素やとるタイミングも異なります。
ここでは、そうした競技特性に合った食事のとり方を解説します。合わせて、成長途上にあるユース・ジュニア期のアスリートの身体づくりのポイントもおさえます。

1. スピード・筋力系スポーツ(短距離・跳躍)の食事のとり方

Point

● 瞬時のパワー発揮には、たんぱく質と糖質が必須
● たんぱく質の過剰摂取は体脂肪増加に
● トレーニングや競技直後のエネルギー補充は、筋量増加・疲労回復に有効

　短距離走や跳躍など、瞬時の最大スピードや跳躍力を得る必要がある競技には、スプリントトレーニングだけではなく、プライオメトリックエクササイズ(ジャンプ系エクササイズ)やランニングドリル、各部位や体幹のトレーニング、パワー系のレジスタンストレーニングなど、様々なトレーニングメニューが必要です。エリート選手では、1日に1.5～4時間ほどのトレーニングを週5日以上こなすといわれています[3]。筋肉を鍛えるこうしたハードトレーニングの継続には、トレーニングで消費したエネルギーを充足できるような食事量を確保しなければなりません。

筋量アップには、たんぱく質

　最大スピードを生み出す瞬時のパワー発揮には、十分な筋量とトレーニングによって得られる筋力が必要です。筋量の維持・増加には、筋肉の主な材料・たんぱく質の摂取が必須。同時に、筋量の増量時には筋肉のたんぱく質代謝が早く進むため、十分な水分とミネラルもとる必要があります(図7)。国際陸上競技連盟(IAAF)では、アスリートの1日あたりのたんぱく質摂取量の目安として体重1kgあたり、体重維持の時期は1.3～1.7g程度、筋力アップ時は1.6～2.4g程度としています[4]。たんぱく質は過剰摂取すると肝臓や腎臓の機能への弊害があるため、1日の摂取量には気をつけましょう。では、具体的に、1人の陸上短距離選手の体格を仮定して、アスリートが1日にどの程度のたんぱく質をとるべきかをみると表4のようになります。

図7 スピード・筋力系競技アスリートに必要な栄養素

(瞬時の最大スピード・跳躍力 〜筋量の増加・維持〜)　(瞬発力を発揮するための エネルギー源)

必要な栄養素

- 筋肉の材料となる **たんぱく質**
- 十分量の **水分+ミネラル**
- **糖質**

表4 アスリートに勧めたい、たんぱく質の効果的な摂取法

●たんぱく源の食品活用例　短距離選手　身長170cm／体重65kgの場合

	献立名	たんぱく源となる食品	たんぱく質
朝食	ごはん 豆腐のみそ汁 塩ざけ 小松菜としらすの煮びたし ひじきの炒め煮	豆腐 …………15g さけ …………70g しらす干し ……10g	37.2g
補食	ツナ醤油おにぎり1個 オレンジジュース1杯	ツナ …………10g	7.1g
昼食	きのこスパゲッティ ミネストローネスープ ほうれん草のチーズ焼き ヨーグルト	ハム …………10g ベーコン ………8g チーズ …………15g ヨーグルト ….100g	33.4g
補食	牛乳1杯 あんこトースト1枚	牛乳 ………200ml あんこ …………40g	22.3g
夕食	ごはん いわしのつみれ汁 鶏肉の照り焼き 小松菜と油揚げの煮びたし キウイ	いわし …………45g 鶏もも肉 ………70g 油揚げ …………10g	32.7g
		この食事でとれる たんぱく質量	133g
		この選手に必要な 1日のたんぱく質量	130g (65kg×2.0g/kg)

夕食例

たんぱく質は、とりすぎると逆効果

　たんぱく質は、筋肉の材料として使える量（体内で利用できる量）が限られており、摂取したものがすべて使われるわけではありません。過剰に摂取すると、吸収しきれず余った分は脂肪として蓄積され、体脂肪を増加させます。体重が増えるだけで筋力アップにはつながらないばかりか、重量出力比（power-to-weight ratio）のバランスが崩れ、スピードを得られなくなってしまいます。

　たんぱく質代謝や消化吸収能力には、個人差や体調変化も大きく影響します。目安量の範囲であっても個人の体質や胃腸の具合などをトレーニング内容と連動させ、摂取量を調節しましょう。

瞬発力発揮のためのエネルギー源・糖質もしっかりとろう

　100mや200mの短距離や跳躍種目では、スタート、助走スピードが記録を大きく左右します。このスタートや助走スピードで最大の瞬発力を発揮するためのエネルギー源となるのが、糖質です。スピード・跳躍系競技のアスリートは、たんぱく質摂取に偏ることなく、糖質にも注目し、1日の献立は糖質の摂取比率を考えた内容にしましょう。

　短距離・跳躍種目のエリート選手は、糖質を体重1kgあたり4.5〜6g/日摂取しているといわれます[5]。これを1つの目安として、トレーニング時間が長時間または高強度の場合は、糖質の割合をさらに増やしましょう。特に成長期（およそ10〜18歳）は、成人よりも代謝が活発でエネルギー消費量も高いため、糖質を十分に摂取してエネルギーを確保します。

パフォーマンス維持のための栄養摂取を工夫する

　陸上競技では1日に複数のレースや競技種目に出場することがあります。パフォーマンス維持のために、1日を通してエネルギー不足にならないような工夫が必要です。

工夫1　低血糖予防

　短距離・跳躍種目では糖質を多く消費するため、継続的な糖質の補充が欠かせません。跳躍ではさらに試技終了まで2〜4時間程度かかる[6]こともあり、エネルギー不足になりやすくなります。エネルギーが不足すると、低血糖 → 筋力・集中力・判断力などの低下 → パフォーマンス低下の悪循環に陥りがちです。

　競技終了まで血糖値を一定に維持できるよう、競技の合間に消化の良いスポー

ツドリンクやエネルギーゼリー飲料、飴やブドウ糖などを少量ずつ補給します。

工夫2 脱水予防

　1日を通して屋外で競技を行う陸上競技では、天候の影響も大きく受けます。外気温・湿度がともに高い夏の試合では、脱水予防に水分・ミネラルの補給を忘れないようにしましょう。特に、日中2～4時間もフィールドに出続ける跳躍種目は、糖質・水分・ミネラルを常に補給できる環境をつくる必要があります。

　また、急な気温の低下にも要注意。雨や強風で体温が急に下がると、筋肉中のグリコーゲン（筋グリコーゲン）消費が高まります。筋グリコーゲンを温存するためにも、悪天候時のトレーニングや試合では、温かい飲みものや糖質濃度が高めの飲みものを準備しましょう。

トレーニングや試合直後にエネルギーを補充

　筋量の増加のため、また疲労回復のためにも、トレーニングや試合後はできるだけ早くエネルギーを補充します。トレーニング直後は、筋肉でのたんぱく質合成が促進されます。この絶好のタイミングに、たんぱく質を1日必要量の10～20%程度を目安としてとりましょう。

　レジスタンストレーニングでは筋グリコーゲンも減少するため、糖質を合わせてとるのも良い方法です。トレーニング後の糖質摂取量の目安は体重1kgあたり0.7g程度とされている[4]ので、バナナ1本か小さめのおにぎり1個、エネルギーゼリー飲料1袋などがお勧めです。また、筋疲労の回復には、ビタミンDが有効といわれています。1日の献立の中に、魚類（小魚を含む）、きのこ類など、ビタミンDの豊富な材料を使った料理を取り入れるようにしましょう。

　ただし、疲労感が強いと食欲が減退したり、消化能力も低下します。翌日も試合がある場合や、早めに疲労回復するためには、消化の良い食事をするよう配慮します。

Column
体重コントロール時の摂取エネルギー調節

　例えば、主菜のお肉を魚や大豆製品にしてたんぱく質と脂質の摂取をおさえる、糖質の多いいも類や、かぼちゃを使った副菜を1品プラスする、揚げものや炒めものを控えて、その分ビーフンや春雨を使った料理をプラスするなどの工夫で、物足りなさを感じずに摂取エネルギーをおさえることができます。

2. 持久系スポーツ(中・長距離)の食事のとり方

👉 Point

● 持久力に必要な筋グリコーゲンの材料・糖質の摂取を積極的に
● 3食でとりきれない糖質は、補食でカバー
● リスクの高い貧血や疲労骨折を予防しよう

　陸上競技の中・長距離走のような持久系スポーツは、身体を長時間一定のスピードで移動させるため、体重が軽い方が有利とされています。そのため、アスリート自身や指導者も、過度に体重制限を求めるケースが多くみられます。
　「体重を減らしたい」と考えるアスリートは、食事量を減らす(食べない)ことで減量を試みますが、これでは競技に必要なエネルギーが確保できないだけでなく、パフォーマンス低下を招き、コンディションを崩すことになります。

なぜ持久系スポーツに糖質が有効か

　糖質を多く含むのは、ごはんや麺類など、主食といわれている食品です。
　食事から摂取した糖質は、筋グリコーゲンと呼ばれるエネルギーのかたまりとして筋肉中に貯蔵されます。この筋グリコーゲンは、運動時の筋肉収縮のためのエネルギー源として使われます。運動前に筋グリコーゲンの貯蔵量が十分だと質の高い走りを持続できますが、貯蔵量が不十分だと筋肉の疲れを感じることがわかっています。そのため、筋グリコーゲンの材料である糖質の摂取は、持久系スポーツ、とりわけ陸上競技の中・長距離選手にとって非常に重要なのです。

糖質の摂取は、主食に偏らずに

　持久的な運動(1日に1～3時間の中～高強度の運動)を行うアスリートに必要な糖質摂取量は、「アスリートの糖質摂取のためのガイドライン[7]」によれば体

重1kgあたり6〜10g/日とされています。例えば、1日の糖質摂取量を体重1kg当たり8gとした場合、体重50kgの選手では400g/日の摂取が必要となります。実際にこの量をごはんを中心に摂取しようとすると（糖質400gのうち、80%をごはんから摂取と仮定）、1食あたりのごはんとして約300gを食べることになります（糖質としては約100g）。現実的にこの量を毎食食べきることは難しいですし、ごはんからのエネルギー摂取に偏り、他の栄養素が不足する可能性もあります。

　糖質は、かぼちゃ、にんじんなどの野菜や、いも類、春雨、ビーフン、果物のほか、補食として活用可能な果汁100%ジュース、もち、団子、どら焼きなど、あらゆる食品に含まれています（表5）。

　また、トレーニング中や休憩時間にスポーツドリンクやエネルギーゼリー飲料を

表5　主な食品の糖質含有量

主食	摂取量	糖質量
ごはん	200g	74.2g
おにぎり	100g	37.1g
食パン	6枚切り1枚	28.0g
うどん	240gゆで	51.8g
そば	230gゆで	59.8g
スパゲティ	240gゆで	76.8g
ビーフン	80g	63.9g

野菜/果物	摂取量	糖質量
にんじん	1/2本(75g)	6.3g
かぼちゃ	150g	27.8g
とうもろこし	1本	25.2g
さつまいも	200g	57.4g
バナナ	中1本	27.0g
オレンジ	1個	11.8g
すいか	1/8玉	22.8g

補食	摂取量	糖質量
串団子 あん	1本	27.3g
カステラ	1切れ	31.6g
大福もち	1個	50.2g
どら焼き	1個	52.8g
あんまん	1個	46.0g
ジャムパン	1個	43.6g
スポーツドリンク	200mL	12.4g

日本食品標準成分表2015年版（七訂）および
牧野直子 監修「エネルギー早わかり（第4版）」
女子栄養大学出版部・刊 より抜粋して作表

摂取すれば、筋グリコーゲン消費の節約となり、長時間のパフォーマンスを維持できます。

効率的な糖質のとり方

パフォーマンスを向上させる糖質のとり方を、90分未満の試合を控えたケースを例として、試合前日、当日、試合後の流れで具体的にみていきましょう（図8）。普段より糖質を多めにとります。

陸上中・長距離選手は、貧血と疲労骨折に注意

陸上中・長距離選手は、ランニング動作による赤血球破壊、多量の発汗、食事量の制限などから、貧血になるリスクが高いため、貧血の予防と早期改善が重要となります(P.44 第3章「1. アスリートにとっての貧血」参照)。

食事による予防としては、鉄を含む食品の積極的な摂取と合わせ、赤血球（細胞膜）の構成成分である脂質の適度な摂取、壊れにくい赤血球をつくるためのオメガ3脂肪酸（さば、まぐろ、いわし、くるみ、亜麻仁油など）、抗酸化物質（ビタミンC、Eなど）の摂取も心掛けましょう。

貧血は炎症に影響されることもわかっており、その対策として筋グリコーゲンの十分な貯蔵や抗酸化物質の摂取などが挙げられます。

また、体重制限を求められることが多い中・長距離選手は、エネルギー不足から骨粗鬆症に陥り、疲労骨折をしやすい傾向にあります(P.62 第4章「疲労骨折を予防する」参照)。活動量に応じた適切なエネルギー摂取も骨の健康に重要です。特に、夏合宿などの強化練習期はエネルギー消費量が多くなり、激しいトレーニングで食欲が落ちますが、その時にいかにエネルギーを確保できるかがポイントです。

エネルギーを確保する工夫として、
① 食べやすく喉ごしの良い麺料理を主食にする
② 副菜に糖質を多く含む料理を入れる
③ ごはんにとろろなどをかけて、食べやすく、かつエネルギーを確保する
④ ふりかけ、キムチ、韓国のり、あさりの佃煮など、ごはんが進むアイテムを用意する
⑤ 補食を活用する（もち、バナナなどの果物、カステラ、果汁100％ジュースなど）
などが挙げられます。

図8 糖質の効果的なとり方

試合前日

前日の24時間の間に
体重1kgあたり 7〜12gの糖質を摂取

- 通常の糖質摂取量と大差はないが、7〜12gと幅があるため、何gを目標にするか、事前に検討する。
- グリコーゲン1gあたり3〜5gの水分が結合するため、試合前で練習量が減っている時期には、水分により体重が増加する可能性がある。練習時に試してみて、その時のパフォーマンスと体重増加を考慮した摂取量を検討する。

試合当日

試合の1〜4時間前までに
体重1kgあたり 1〜4gの糖質を摂取

体重50kgの選手の場合：競技開始1〜4時間前までに4g/kg体重を摂取する場合、**最大200gの糖質摂取**が必要となる。

		糖質量(g)	メニュー名
朝食		55	肉ねぎうどん（うどん200g）
		38	おにぎり（ごはん100g）
補食		32	バナナ（1本）
		31	スポーツドリンク（500mL）
		45	エネルギーゼリー飲料（1個）
	合計	201	

- 胃腸に負担がかかる栄養素[たんぱく質（ただし少〜中程度なら良い）、脂質、食物繊維]が多いメニューは避ける。
- アスリート個人の経験や体質に合った食品選択とタイミングで摂取する。
- コンビニエンスストアなどで購入する場合は、栄養表示を参考にし、糖質量を確認する習慣を身につける。

試合後

試合直後から2時間以内に
糖質をしっかり摂取（筋グリコーゲンの合成促進効果）

- 次の試合まで8時間を切っている場合は、試合直後に「糖質＋たんぱく質」をセットで摂取するのが良い。
- 次の試合まで24時間以上空いている場合は、運動強度に応じた糖質摂取で良い。（P.40「アスリートのリカバリーを科学する」参照）

3. 投擲競技（砲丸投げ・槍投げ・円盤投げ）の食事のとり方

✋Point

- 投擲選手の身体づくりのポイントは適正な体重増加
- パワー強化には、除脂肪量の増加が重要
- 骨格筋増加には、補食を有効活用する

　最大限のパワーを使って、砲丸や槍、円盤を投げる投擲競技。これらの競技でより高いパフォーマンスを発揮するためには、技術だけでなく、より強い力も必要になります。身体づくりのポイントになるのは適正な体重増加。投擲競技の専門的な練習を開始するのは高校生以上であるため、ここでは高校生以上の投擲選手が知っておくべき食事のとり方と身体づくりを考えてみましょう。

強い力のもと・筋肉を増やす

　投擲競技を専門とする選手は、他の陸上競技選手に比べ身体が大きい傾向にあります。日本の投擲トップ選手（高校生以上）を例に挙げると、男子選手の場合、身長180cm程度、体重約100kgで、女子選手では身長約165cm、体重約72kgとなっています。

　しかし、単純に体重が多ければ良いわけではなく、より良いパフォーマンスを発揮するためには筋肉量を増やす、つまり除脂肪量＊（体重から脂肪量を除いた組織の量）の増加が決め手になります。

＊lean body mass(LBM) または fat-free mass(FFM) ともいう。

身体づくりのポイントは三大栄養素（糖質・たんぱく質・脂質）

糖質 十分に確保して、しっかり土台固め

ウェイトトレーニングのように瞬間的に大きなパワーが必要な筋力系トレーニン

グとランニングなど持続系トレーニングの両方を行う投擲選手には、エネルギー源として常に糖質が必要です。

　糖質が不足すると、筋肉量を増やすためにとっておいたたんぱく質が分解されてエネルギーとして使われるため、筋肉が減ってしまいます。そうならないために、トレーニングで消費した糖質をトレーニング後すみやかに補給し、筋肉量アップの土台を固めましょう。1日の摂取量の目安は、体重1kgあたり7g程度[8]です。

たんぱく質　摂取のポイントは朝食

　1日の食事の中でたんぱく質摂取のカギを握るのが朝食です。夜寝ている間は絶食状態となるため、筋肉を構成しているたんぱく質（アミノ酸）が分解され、筋肉量が減ります。そのため、減った分の筋肉量を補うために朝食でしっかりたんぱく質をとるようにします。

脂質　かくれ脂質に注意！

　たんぱく質が多く含まれている肉や魚には、部位によって脂質も多く含まれています（表6）。たんぱく質が必要だからと脂質の量を気にせずに食べすぎてしまうと脂質のとりすぎで体脂肪が増加する可能性もあります。また、調理法も重要です。揚げる・炒めるよりも、ゆでる・蒸す調理の方が食品自体の油を減らせます。

表6　肉100g（可食部）あたりの部位別エネルギーとたんぱく質・脂質含有量

食品名	エネルギー(kcal)	たんぱく質(g)	脂質(g)
鶏ささみ	105	23.0	0.8
鶏むね肉（皮なし）	116	23.3	1.9
鶏むね肉（皮つき）	145	21.3	5.9
鶏もも肉（皮なし）	127	19.0	5.0
鶏もも肉（皮つき）	204	16.6	14.2
豚ヒレ肉	130	22.2	3.7
豚ロース	263	19.3	19.2
豚もも肉	183	20.5	10.2
豚ばら肉	395	14.4	35.4
牛ヒレ肉	195	20.8	11.2
牛肩ロース	318	16.2	26.4
牛サーロイン	334	16.5	27.9
牛ばら肉	426	12.8	39.4

スナック菓子やチョコレート菓子には脂質が多く、無意識のうちに大さじ1〜2杯分の油をとってしまいがちです。パッケージの栄養成分表示を見て、脂質の量を確認する習慣をつけましょう。

補食を有効活用する

1回の食事で十分量を摂取できない場合には、体重を維持できる食事量+500kcal/日程度を付加することを目安に、補食を活用しましょう[9]。図9に挙げた補食を参考に、1日の摂取エネルギー量から逆算して取り入れ、糖質・たんぱく質の必要量を確保するようにします。

補食をとるタイミングは、トレーニング日程などにより変わってきますが、ただ漠然と何かを食べるのではなく、目的に合わせて食べる内容を選ぶというスタンスが重要です。補食をとるタイミングと目的は図10のとおりです。

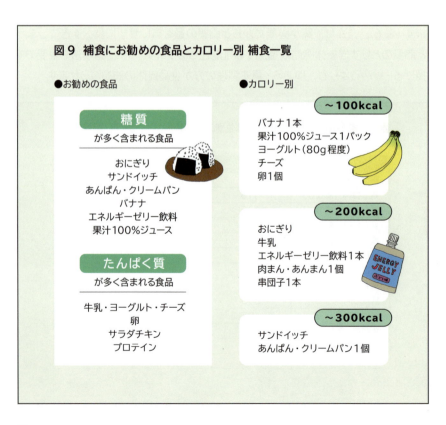

図9 補食にお勧めの食品とカロリー別 補食一覧

●お勧めの食品

糖質が多く含まれる食品
おにぎり
サンドイッチ
あんぱん・クリームパン
バナナ
エネルギーゼリー飲料
果汁100%ジュース

たんぱく質が多く含まれる食品
牛乳・ヨーグルト・チーズ
卵
サラダチキン
プロテイン

●カロリー別

〜100kcal
バナナ1本
果汁100%ジュース1パック
ヨーグルト(80g程度)
チーズ
卵1個

〜200kcal
おにぎり
牛乳
エネルギーゼリー飲料1本
肉まん・あんまん1個
串団子1本

〜300kcal
サンドイッチ
あんぱん・クリームパン1個

定期的に体組成をチェック！

　増量に取り組んでいる時は特に、体重だけでなく体脂肪率も定期的に確認しましょう。体脂肪率をチェックしないと、体重が増えていることに安心してしまい、実際には体脂肪が増えているだけだったということにもなりかねません。

　体重は毎日、体脂肪率は1週間に1回程度は測定し、自分の食事や補食のとり方がトレーニング量や内容に見合っているか、目的通りの増量ができているか、セルフモニタリングの習慣をつけましょう。

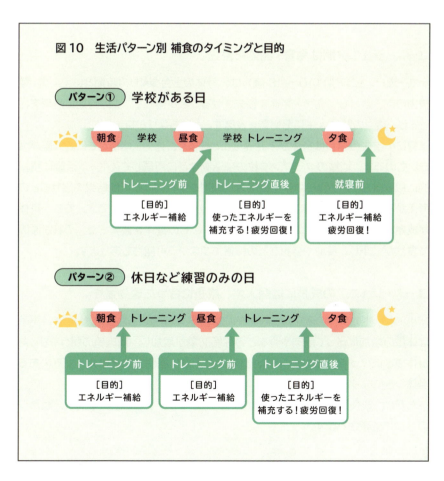

4. ユース・ジュニア期の発育・発達と食事

Point

● 競技力の向上より、発育・発達を優先
● 保護者・指導者は、アスリート個人の成長タイプやピークを理解する
● ユース・ジュニア期に「食事の基本形」を覚えさせ、早めの食教育を

ユース・ジュニア期は発育・発達を優先

　ユース・ジュニア期（10～18歳）は、身体の土台づくりの時期といえます。競技力の向上よりも、発育・発達を優先させることが第一で、この時期に無理をさせると、後々の競技人生に悪影響を及ぼすことにもなりかねません。
　特に小学生の場合は身体が未発達なことも多く、体力・体格ともに個人差が大きいものです。地域のクラブや学校の部活動などに所属してスポーツ活動に積極的に取り組んでいる小・中学生の場合、練習をすればするだけ結果を出せるとの考えから、保護者も指導者もつい熱心に取り組んでしまいがちです。でも、身体が成熟していない状態での運動のしすぎは子どもの身体を疲弊させ、それが原因で食欲が低下し、貧血や骨折などの障害につながる可能性もあります。

ユース・ジュニアの成長には個人差、成長に合った運動量を

　小・中学生の身体の変化は、一般的には小学4年生ごろから始まります。男子は体重の増加に伴って筋肉や骨などの除脂肪量が増加し、筋肉質のがっちりした身体つきになっていきます。一方、女子は、全身に脂肪がつき始め、丸みのある身体つきになります。
　ただし、成長度合いには個人差があり、大きく分けて早熟型、中間型、晩熟型の3つに分類されます。

> [早熟型] 発育・発達のピークが比較的早い（9〜11歳）
> [中間型] 発育・発達のピークが早熟型と晩熟型の中間（11〜14歳）
> [晩熟型] 発育・発達のピークが比較的遅い（14〜16歳）

　また、思春期には男女とも急激な発育がみられますが、発育スピードには男女差があることも、保護者・指導者がぜひ覚えておきたいポイントです。一般論だと、男子よりも女子の方が2年ほど早く思春期を迎えます。子どもの発育タイプをしっかりと理解した上で、その成長過程に応じた練習を行うことが大切です。特に晩熟型の子どもに対しては、大きな負荷がかかる激しい運動は控えてください。

> #### Column
> ### 全員が同じ練習量になっていませんか
>
> 　日本陸連医事委員会食育プロジェクト（当時）が2009年度U15トップトレーニングキャンプに参加した中学生を対象に実施したアンケート調査によると、体調面に関する質問に対し、「疲れやすい」「朝起きられない」など、体調不良があると答えた中学生が全体の約30％にのぼりました。ユース・ジュニア期のアスリートを指導する場合は、全員が同じ練習量になっていないか、個々の成長度合いに合っているかを、今一度確認してください。

ユース・ジュニア期の食事は、発育の個人差を踏まえて

　ユース・ジュニア期は、スポーツ活動の有無に関係なく、成長のためのエネルギーや多くの種類の栄養素を必要とします。ここでポイントとなるのは、発育の個人差を踏まえ、成長ピークの前後にもしっかり食事をとらせる必要がある、ということです。しかし、食べすぎは肥満につながるので気をつけましょう。

　保護者の悩みとして多い「うちの子は他の子よりも小さい」ケースでは、子どもの成長タイプが晩熟型である可能性が考えられます。このような場合には、成長ピークが遅めのタイプなのだと考え、あせらずに見守る姿勢が大切です。子どもが

「小食である・食が細い」場合には、間食を取り入れ、「1食分の量は少なくても、1日トータルで食事量を確保する」という考え方に変えてみましょう。

間食といっても、朝・昼・晩の食事でとりきれなかったエネルギーや栄養を補うために食べるものです。内容は菓子類ではなく、エネルギー源となるごはんやパン、バナナ、乳製品などがお勧めです（図11）。

ユース・ジュニア期に「食事の基本形」を徹底させる

食習慣の形成は、離乳後すぐに始まり、小学生の時期にはほぼ完成するといわれています。いったん食習慣が確立して個人の嗜好（好み）が優先されるようになると、食習慣を変えることが非常に難しくなります。つまり、ユース・ジュニア期のうちに、食事や栄養摂取に関する正しい知識を教え、理解・記憶させることが重要なのです。「日本陸上競技連盟における栄養教育の到達目標」でも、U13（小学生）およびU16（中学生）の時期に、食事の基本形を定着させるということを明確にかかげています[10]。

日本陸連医事委員会食育プロジェクト（当時）が行った中学生を対象にしたアンケート調査（前ページのcolumn参照）で、「栄養バランスを考えて食べているか」という質問に対し、「はい」と答えた選手が40%だった一方で、「わからない」と答えた選手が50%もいました。この結果は、ユース・ジュニア期はトップレベルの成績を誇る選手であってもバランスの良い食事とはどのようなものかを理解せずに食事をしていることを表しています。小学生のトップレベル選手を対象にした同様の調査[11,12]でも、食事や食生活全般の改善の必要性が明らかになっています。

ユース・ジュニア期のアスリートに対しては、「食事の基本形」（P.14 第1章「2.アスリートの食事の基本形」参照）を参考に、1日の食事内容を自分で調整可能になるよう、保護者・指導者は早めの食教育をぜひ実践してほしいところです。

食事の自己管理能力を身につけると、将来、合宿や遠征など自宅以外で食事をとる場合にも、量・質ともにバランス良く食べることができ、パフォーマンス向上につながります。

図11　ユース・ジュニアにお勧めの間食例

- 間食で食事回数を増やす（1日3食＋2〜3回の間食）
- 単なる"おやつ"ではなく"補食"と考える

菓子類は、ほどほどに…

お勧めは、こちら！

Column
バランス良く食べるために ──"三角食べ"の勧め

気づいたら、好きなものだけを食べている…、
お子さんがこうした食べ方をしていたら、保護者の方はぜひ"三角食べ"を勧めてください。"三角食べ"は、栄養素をバランス良くとるための簡単な方法です。

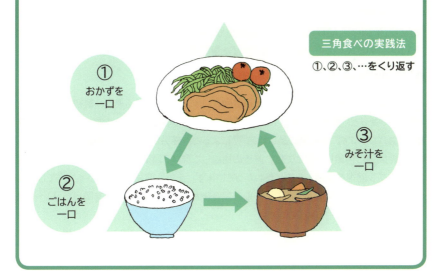

三角食べの実践法
①、②、③、…をくり返す

① おかずを一口
② ごはんを一口
③ みそ汁を一口

アスリートのリカバリーを科学する

　リカバリー（recovery）とは、スポーツ栄養の分野では、エネルギー回復のことを指します。より具体的には、運動時のエネルギーの主役は骨格筋に貯蔵されたグリコーゲンであるため、「リカバリー＝グリコーゲン回復」ということになります。
　以下で、アスリートのシーンごとのリカバリーについて、これまでに行われてきた様々な試験の報告をまじえ、専門的な視点から解説します。

●トレーニング後24時間以内のリカバリー

　毎日一定の時間にトレーニングをしている場合、24時間で確実にグリコーゲンを回復させることが、次のトレーニングを質・量ともに向上させます。
　グリコーゲンの材料は、食事から摂取する糖質です。そのため、トレーニング後24時間以内の食事では、糖質を十分にとることが必要です。「アスリートの糖質摂取のためのガイドライン[7]」によれば、中〜高強度の運動を1日1〜3時間程度行っている場合、24時間の中で6〜10g/kg体重の糖質摂取がリカバリーの達成に必要だとされています。
［例：体重60 kgのアスリート］
24時間の摂取量：最低でもごはん茶碗6杯半のごはん or おにぎり10個程度
［例：体重50 kgのアスリート］
24時間の摂取量：最低でもごはん茶碗5杯半のごはん or おにぎり8個程度
　この量を3回でとることが難しい場合には、同程度の糖質量の補食を加え、4〜6回に分けてとると良いでしょう。なお、例に挙げたごはんの摂取量は、リカバリーに必要な糖質量を「すべてごはんで摂取した場合」です。実際は、食事でいも類や調味で使用する砂糖、春雨、ぎょうざの皮、果物など、糖質を多く含む食品を摂取します。そのため、バランスの良い食生活を送っている場合のごはんの摂取量は、例に挙げた量の80％程度で良いと考えられます。

●短時間（4時間以内）でのリカバリー

　1日の中で、予選、準決勝、決勝と複数回パフォーマンスをする場合、最初のパフォーマンス後にしっかりとリカバリーすることが重要です。この時のカギとなるのが、パフォーマンス直後のリカバリーです。信頼度の高い報告[14]によると、疲労困憊運動の直後に糖質を補給した群と2時間後に補給した群とでは、直後に補給した群は2時間後補給群に比べ3倍の速度でグリコーゲン回復を達成したことがわかっています。また、前述のガイドライン[7]では、すばやく回復するための栄養戦略として、前の試合後から4時間の間は、1時間当たり1〜1.2g/kg体重の糖質摂取を推奨しています。
　つまり、短時間のリカバリーを目指す場合、最初のパフォーマンス後できるだけ早く1〜1.2g/kg体重程度の糖質をとることが重要だということです。

[例:体重 50 ～ 60 kg のアスリート]
運動直後に、エネルギーゼリー飲料1本+バナナ1本がちょうど良い。

ただし、これは最初の1時間のリカバリーに充てられるエネルギーであるため、4時間後までは1時間ごとに同じことをくり返す必要があります。

● リカバリーに必要な糖質について

リカバリーに必要な糖質量はどのくらいでしょうか。前述のガイドライン[7]を参考にすると、必要な糖質の量は、運動強度によって以下のように分けられます。

運動強度	1日の糖質の目標摂取量
低強度または技術練習中心	体重1 kg あたり3～5 g
中強度のトレーニング（「軽い」と「高強度」の中間）	体重1 kg あたり5～7 g
高強度（持久系トレーニング：1～3時間/日）	体重1 kg あたり6～10 g
超高強度（非常に強度の高いトレーニング：4～5時間/日）	体重1 kg あたり8～12 g

(Burke LM,et al. 2011 [7] を参考に作表)

● 糖質+たんぱく質の同時摂取は、リカバリーを促進するか

最近スポーツの現場で、疲労困憊運動後のリカバリー促進を目的として、運動後に糖質とたんぱく質を同時摂取することがトレンドとなっています。

Ivyらは、体内のグリコーゲンが枯渇するような疲労困憊運動の直後と2時間後に、糖質のみを補給させた群と糖質+たんぱく質を補給させた群でグリコーゲン回復の様子を比べたところ、糖質+たんぱく質群のグリコーゲン回復が促進されたと報告しています[15]。またBerardiらは、グリコーゲン回復のみならず、後に続く運動パフォーマンス（自転車タイムトライアル）への影響を調べたところ、運動後に糖質+たんぱく質を補給した群の方が糖質のみ群よりも2度目の成績が良かったことを報告しています[16]。

糖質+たんぱく質の同時摂取を支持する研究論文は複数みられる反面、支持しない論文も複数あります。しかし、疲労困憊運動後のリカバリー促進を目的とした糖質+たんぱく質摂取に関する最新のシステマティックレビュー*では、短時間での回復を目指す場合と"最適量に満たない糖質しかとれない場合"にたんぱく質を加えるとグリコーゲン回復が早く、筋損傷も減らすとし、糖質摂取が十分ならばたんぱく質を追加する必要はないとしています[17]。

また、国際スポーツ栄養学会が公表した最近の声明では、たんぱく質の追加がグリコーゲン回復を促進するのは"糖質1.2g 未満の場合のようだ"と説明しています[18]。以上のことから、前述のガイドライン[7]に示された糖質摂取量の上限値（1.2g/kg 体重）を摂取すれば、わざわざたんぱく質を同時摂取する必要はないといえます。なお、国際スポーツ栄養学会の声明[18]においては、「たんぱく質の追加が害になることもないので、やりたければやってみるのも良いのでは」というスタンスです。

* 同じ分野の様々な研究を網羅的に調査し、データのかたよりをできる限り取り除いて、統合・分析を行うこと。

第3章 貧血を予防する

実はアスリートは貧血になりやすい傾向にあることを知っていますか。以前に比べ、「だるい」「疲れやすい」「パフォーマンスが低下した」などと感じたら、それは貧血が原因かもしれません。

1. アスリートにとっての貧血

👆Point

● アスリートに最も多いのは、鉄欠乏性貧血

● 鉄のとりすぎ"鉄過剰"は、百害あって一利なし！

● 貧血予防には定期的な採血検査が必須。フェリチン値のチェックを忘れずに

貧血を疑う症状とは

　貧血とは、全身の細胞に酸素が行きわたらないことで組織や臓器の酸素が欠乏（酸欠）し、様々な症状が起きる状態をいいます。貧血の症状は非常に幅広く、「疲れやすい」「だるい」「顔色が悪い」「微熱がある」「胸がドキドキする（動悸）」「めまいや頭痛がする」「耳鳴りがする」など、誰もがよく感じる症状として現れます。女性では月経が来なくなることもあります。

　これらの症状のほかに、アスリートでは「何となく調子が悪い」「記録がのびない」「練習がこなせなくなった」などの変化も貧血を疑うきっかけとなります。

　急に立ち上がった時に頭がふわーっとする現象は、よく"脳貧血"といわれますが、これは正確には貧血ではありません。脳への血流が一時的に低下したために起きる現象です。

血液の働きと貧血

　血液には、酸素や栄養素、ホルモンなど、生きるために欠かせない物質の全身への運搬と不要物質の回収、細菌・ウイルスなどからの防御、出血時の止血など、様々な働きがあります。

　血液の中には様々な細胞が存在していて、そのうち貧血に直接関係しているのが赤血球です（図12）。全身に酸素を運ぶ役割を担っているのが、赤血球の成分の90％以上を占めるヘモグロビンという物質です。全身に十分な量の酸素を届

けるためには、一定量の赤血球と十分な濃度のヘモグロビンが必要です。ヘモグロビンは、鉄（ヘム）とたんぱく質（グロビン）が主成分のため、鉄が不足するとヘモグロビンが十分につくられず、酸素の運搬能力低下を招き、貧血になってしまうのです。

赤血球は主に骨髄でつくられますが、生成段階の大きさ（容積）に応じて、**小球性貧血**（赤血球容積が小さい：鉄欠乏性貧血で最も多い）、**正球性貧血**（赤血球容積が中程度：正常の大きさ）、**大球性貧血**（赤血球容積が大きい）に分類されます。

アスリートに多い貧血とは

アスリートに共通して最も多い貧血は鉄不足・鉄喪失による鉄欠乏性貧血です。ついで、激しい運動で赤血球が破壊されて起こる溶血性貧血です。それぞれの成因をみていきましょう。

鉄欠乏性貧血

① **筋肉量の増加**：運動をしていると筋肉が増えますが、増えた筋肉量に見合うだけの鉄も多く必要になります。

② **大量の発汗**：運動をすると汗をかきますが、その汗の中にも鉄が含まれています。激しい運動やトレーニングで大量の発汗をするアスリートは、それだけ多くの鉄が身体から失われていることになります。

③ **月経**：1回の月経量は40〜80mLで、失われる鉄は20〜40mgです。女性アスリートでは、この点も見越して鉄をとることが求められます。

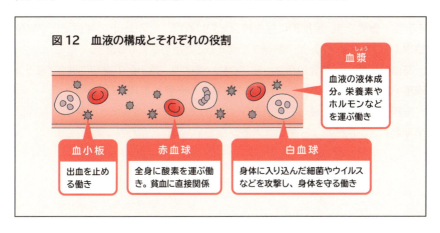

図12　血液の構成とそれぞれの役割

④ **成長期**：成長期にあるユース・ジュニアアスリートでは、身体の成長にも鉄が必要です。厚生労働省の「日本人の食事摂取基準2015」[19] によると、一般的に推奨される1日の鉄摂取量は、12〜14歳男子で11.0mg、女子で14.0mgです。ユース・ジュニアアスリートでは、身体の成長と運動量に見合った鉄の両方が必要となるため、運動をしない同年代の子どもより鉄の総必要量が増加するのです。

⑤ **鉄の摂取量自体が少ない**：体重を気にして食事を十分に食べていないと、鉄の摂取量は少なくなってしまいます。でも、鉄だけを多くとっても鉄欠乏状態は改善しません。鉄の吸収を高めるためにも、栄養バランスを考えた普段の食事で十分なエネルギー量をとることが重要です。

溶血性貧血

赤血球の破壊

　剣道やランニングなど、足裏を地面に打ちつける動作をくり返していると、足裏の血管が圧力を受け、赤血球が破壊されて（溶血）ヘモグロビンが赤血球の外に出て、貧血になることがあります。素足で勢いよく踏み込む剣道の選手や走ることを日課にするジョギング愛好家にも多くみられます。

定期的に採血検査を受け、貧血状態をチェック

　貧血は、病院やクリニックなどの医療機関を受診して採血検査を受け、医師に診断してもらわなければわかりません。最近では、手軽に行えるヘモグロビン測定装置が販売されていますが、貧血の確定診断には、やはり採血検査が必須です。

　アスリートや指導者が血液データの内容を理解することは、体調管理の面からも非常に重要です。定期的に採血検査を受ければ、アスリートの体調変化や競技結果（パフォーマンス）との関連を把握することが可能になります。

　貧血の診断に必要な項目はヘモグロビン濃度で、鉄不足の確認にはフェリチン濃度（体内に備蓄されている貯蔵鉄を反映）が必要です（**表7**）。

　実際の検査結果を使って採血データの見方のポイントをみると（**表8**）、貧血は早期発見と、医師による適切な治療が重要であることがわかります。

表7 貧血を理解するために必要な採血の項目

検査項目	略語	基準値（受診医療機関、検査方法により異なります）
白血球	WBC	4000〜9000/μL
赤血球	RBC	男性410〜550万/μL、女性380〜480万/μL
ヘモグロビン	Hb	男性14〜17g/dL、女性12〜16g/dL
ヘマトクリット	Ht	男性40〜48％、女性34〜42％
平均赤血球容積	MCV	81〜100 fL
平均赤血球血色素量	MCH	27〜32 pg
平均赤血球血色素濃度	MCHC	31〜35％
血小板	Plt	13〜35万/μL
網状赤血球	Reti	0.2〜2.7％
血清鉄	Fe	男性54〜181 μg/dL、女性43〜172 μg/dL
総鉄結合能	TIBC	男性231〜385 μg/dL、女性251〜398 μg/dL
フェリチン＊		男性20〜250 ng/mL、女性10〜80 ng/mL

＊体内に備蓄されている貯蔵鉄の指標。肝臓や脾臓（ひぞう）に貯蔵されている鉄の量を反映したもの

表8 実データからみる採血結果と貧血診断 (体育会所属の女子大学生の採血データより)

検査項目	略語	データ	
白血球数	WBC	9400/μL	
赤血球数	RBC	450万/μL	赤血球は基準範囲内
ヘモグロビン	Hb	8.4 g/dL	ヘモグロビンと平均赤血球容積は基準値を大幅に下回っている
ヘマトクリット	Ht	31.7％	
血小板数	PLT	35.7万/μL	
平均赤血球容積	MCV	70 fL	
平均赤血球血色素量	MCH	18.6 pg	
平均赤血球血色素濃度	MCHC	26.5 ％	血清鉄とフェリチン値がいずれも低い。血清フェリチン値12ng/mL未満は貯蔵鉄の枯渇、つまり鉄欠乏状態であることを示す
血清鉄	Fe	13 μg/dL	
フェリチン		7.4 ng/mL	

診断 小球性貧血（鉄欠乏性貧血）

血液データから、この女子大学生は鉄欠乏性貧血であると診断できます。この学生の場合、診断後、経口鉄剤を6カ月間服用し、貧血と鉄欠乏状態が改善しました。

第3章　貧血を予防する

2. 鉄は、足りなくても、多すぎても良くない
―鉄摂取の注意点

☝Point

- アスリートの鉄剤・サプリメント利用は、よく考えて
- 鉄の摂取には上限値あり。過剰摂取は身体に害
- 鉄欠乏性貧血治療では鉄剤を服用する。鉄剤注射はリスク大！

貧血予防だけじゃない！ 鉄は人体にとって重要

　鉄欠乏性貧血になると酸素運搬やエネルギー産生に障害が生じ、アスリートの持久系パフォーマンスは低下します。そのため、アスリートは普段から十分な量の鉄を摂取する必要があります。また、鉄不足は、疲れやすさ、めまい・ふらつきを招いたり、感染症にかかりやすくなったりと全身に悪影響を与えることもわかっています。

　近年、アスリート、指導者の間で鉄不足・鉄欠乏性貧血への意識が高まり、予防や治療目的での鉄剤や鉄サプリメントの使用が広がっています。しかし同時に、鉄剤の過剰摂取や頻ぱんに鉄剤注射を行うことによる"鉄過剰"も社会的問題となっています。

　鉄は、トランスフェリンというたんぱく質と結合して血液中に存在しています。でも、過剰に摂取するとトランスフェリンと結合できないフリー鉄が増え、体内のあらゆる所に鉄が沈着し、毒性の強い活性酸素が生成されて細胞・組織・臓器障害を招きます。つまり鉄は、とりすぎても良くないのです。

ヒトの身体に備わる鉄吸収メカニズム

　ヒトの体内の鉄総量は 3.0 ～ 5.0g。そのうちの約 3 分の 2 は血液中（赤血球）にあり、ヘモグロビン鉄として酸素の運搬に利用されます。残りの 3 分の 1 は、ミオグロビンとして筋肉や末梢組織で細胞のエネルギー産生に利用されるほ

か、貯蔵鉄として肝臓や脾臓に存在します（図13）。

　食事から摂取された鉄は主に十二指腸で吸収されますが、人体に備わっている調節機構により、摂取量の約10%（約1.0～2.0mg/日）しか吸収されません。また、排泄物からの鉄の喪失も1.0～2.0mg/日なので、体内の鉄量は一定の範囲内に収まる仕組みになっているのです。

　アスリートが毎日摂取して問題がないとされる鉄の耐容上限量は、成長期～成人期で40.0～50.0mg/日とされています。アスリートに推奨される鉄の摂取量は、トレーニング量や競技によって異なるものの、食事から摂取する鉄と鉄含有補助食品とを合わせて、上限量を超えないように注意が必要です。

鉄欠乏状態・鉄欠乏性貧血の原因は、食事からの鉄摂取不足

　鉄欠乏状態や鉄欠乏性貧血は、十分な栄養と鉄が必要な成長期にも食事制限をしなければならないアスリートで起こりやすくなります。鉄欠乏状態を改善する場合、まず食事の見直しが必要です。中学生・高校生の陸上競技者が摂取すべき1日の鉄量は、15.0～18.0mg（吸収されるのは約10%）です。鉄欠乏性貧血が疑われる場合には、採血検査による確定診断と原因の特定が不可欠ですが(P.47 表7を参照)、消化器系疾患、婦人科疾患、泌尿器科疾患などによる鉄喪失の可能性については、医師との相談が必要です。

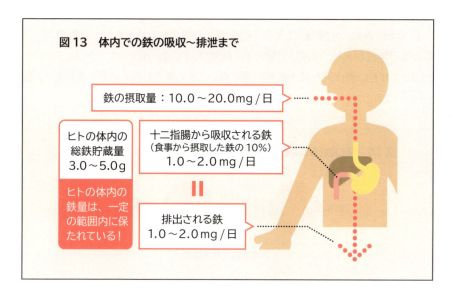

図13　体内での鉄の吸収～排泄まで

鉄欠乏性貧血治療の第一選択は、経口鉄剤

採血検査の結果、鉄欠乏性貧血と診断されたら、医師のもとで治療を始めます。治療の第一歩は、経口鉄剤の服用で、1日あたり50.0～210.0mgの鉄剤（下表）を服用します。治療なので投与量は多くなります。

経口鉄剤の服用による副作用（悪心、嘔吐、腹痛など）の程度は製剤の鉄含有量に比例しますが、副作用が強い場合には、投与量の調節ができるピロリン酸第二鉄（インクレミン®シロップなど）、クエン酸第一鉄ナトリウム顆粒（フェロミア®顆粒など）への変更が推奨されています。

一般名	商品名
クエン酸第一鉄ナトリウム	フェロミア®
硫酸鉄	フェログラデュメット®
フマル酸第一鉄	フェルム®
ピロリン酸第二鉄	インクレミン®

経口鉄剤の開始後、ヘモグロビンは1～2週間で増加し始め、6～8週間で正常化します。その後、貯蔵鉄が正常化するには、さらに3～4カ月間治療を続けることが必要で、鉄剤の投与期間は6カ月程度と長期にわたります（図14）。治療中と治療後の血液検査で血清フェリチン値が25ng/mL以上になり、そのレベルが維持されていれば、鉄剤の服用は終了となります。

鉄剤注射に頼るのは危険

鉄欠乏性貧血の治療法として鉄剤注射をする場合もありますが、過剰摂取につながる可能性があり、非常に危険です。鉄剤注射では、吐き気やアナフィラキシーショックなどの副作用が起きる可能性が高いことも覚えておく必要があります。鉄剤注射の適応は、次のようなケースに限られます。

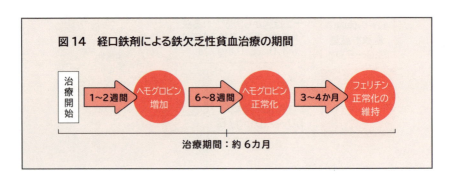

図14　経口鉄剤による鉄欠乏性貧血治療の期間

① 副作用が強く、鉄剤を口から飲めない場合
② 出血など鉄の損失が多く、経口鉄剤では間に合わない場合
③ 消化器系疾患のため、鉄剤の内服が不可能な場合
④ 鉄吸収がきわめて悪い場合
⑤ 透析や自己血輸血の際に鉄補給をする場合

　服用している経口鉄剤の副作用が強い場合には、別の経口剤に切り替えます（P.50）。その上でなお鉄剤注射を打つ場合には、医師から十分な説明を受けてからにします。特に、未成年者の場合には、親権者の同意も必要でしょう。
　鉄剤注射を開始する際には、体内で不足している鉄量（総鉄投与量）を計算式で求め、目標量に達するまで1日あたり40.0～120.0mgを連日投与します。
　指導者やアスリートが訴えがちな、「練習ができないから」「うまく走れないから」「大事な試合の前だから」といった理由では鉄剤を注射してはいけません。過剰注射による鉄毒性には、次のような症状や疾患が知られています。

急性鉄毒性	慢性鉄毒性（血清フェリチン値500 ng/mL以上）
頭痛、悪寒発熱、嘔吐、吐下血、肝機能障害、腎機能障害、血圧低下、胸内苦悶、呼吸困難、昏睡など（ショック状態に陥る場合もあり）	臓器障害（心臓、肝臓、膵臓や甲状腺など内分泌組織）、皮膚色素沈着、糖尿病、性機能低下、心筋症、不整脈、心不全、肝硬変、肝がんなど

治療中のトレーニングは？

　貧血治療中のトレーニングですが、貧血が軽度であれば、医師、指導者と相談の上、トレーニング強度を少し下げて続けてかまいません。
　しかし、貧血が進行し、かつヘモグロビン値が10g/dL以下の場合には、貧血治療に専念すべきです。その間に貧血の原因をしっかりと調べましょう。ヘモグロビン値に改善が認められれば、体調を確認しつつ、通常のトレーニング内容に徐々に戻していくようにします。

3. 貧血予防のために必要な栄養素

👉Point

● 鉄は吸収率が低いため、不足しがちな栄養素

● 鉄不足改善には、たんぱく質、各種ビタミン、ミネラルの摂取も欠かせない

● 鉄サプリメント使用前に、採血検査＋鉄栄養状態の確認を

鉄は、腸からの吸収率が低い

　鉄は腸からの吸収率が低いため不足しがちな栄養素です。食品中の鉄は、その結合の形からヘム鉄と非ヘム鉄（無機鉄）に分けられます。

　ヘム鉄は主に動物性の食品［レバーや赤身の肉（特に牛肉）、赤身の魚（まぐろ、かつお）、青魚（ぶり、さば、さんま、いわし）など］に含まれ、非ヘム鉄は植物性食品（大豆製品や青菜、海藻、ナッツ、ドライフルーツなど）に多く含まれます（**表9**）。

　さらに、ヘム鉄と非ヘム鉄では消化管での吸収効率が違います。非ヘム鉄は摂取した鉄の2～5%程度しか吸収されず[20]、フィチン酸（豆類に多い）やタンニン（緑茶やコーヒーなどの渋み成分）と結合すると吸収が阻害されるため[21]、一緒にとる食材に注意が必要です。一方、ヘム鉄は摂取した鉄の15～35%を吸収でき[22]、たんぱく質と結合しているため同時にとる食品の影響を受けません。

　吸収効率だけで考えればヘム鉄の方が良いように思えますが、肉や魚などは食品そのものの脂肪分と調理で使用する油脂類なども一緒に摂取するので脂質過多になる可能性があります。そのため、ヘム鉄・非ヘム鉄どちらもバランス良く摂取するのがベストです。

鉄欠乏状態の改善と各種栄養素

　鉄欠乏状態を改善するには、鉄のほか、各種栄養素を毎日の食事からバランス良く摂取することが大切です。鉄以外の栄養素が鉄欠乏状態の改善にどのように

関わっているのかをみてみましょう。

● ミネラル

　鉄欠乏性貧血では血液中の鉄の減少とともに血液中の亜鉛濃度が低下することもあり、亜鉛が貧血の発症に関係しているという報告もあります[23]。しかし、亜鉛＋カルシウムの過剰摂取は鉄の吸収を阻害するため、亜鉛サプリメントを利用する場合には、大量摂取に注意しましょう[20]。

● ビタミン

　ビタミンB_6、B_{12}や葉酸は、貧血と関係の深いビタミンです[24]。これらは通常の食事で十分摂取でき、さほど不足することはありませんが、胃腸の不調、消化器疾患や薬物の投与によって吸収が悪くなると、貧血の原因になることもあります。

　野菜や果物に多く含まれるビタミンCは、消化管での鉄の吸収を高める働きが期待できます。「日本人の食事摂取基準2015」[19]での成人の1日あたりのビタミンC摂取量は100mgですが、身体活動量の多いアスリートではより多くのビタミンC摂取が望ましいでしょう。

表9　鉄を多く含む食品

ヘム鉄 の多い食品

食品	レバー(鶏)	牛赤身肉	かつお	まぐろ	ぶり	からふとししゃも
1食分	60g	100g	60g	60g	100g	75g (3本)
鉄含有	5.4mg	2.5mg	1.2mg	1.1mg	1.3mg	1.1mg

非ヘム鉄 の多い食品

食品	あさり水煮缶	卵	木綿豆腐	生揚げ	ほうれん草	小松菜
1食分	15g	55g (1個)	100g	100g	60g	60g
鉄含有	4.5mg	1.0mg	0.9mg	2.6mg	0.5mg	1.7mg

● たんぱく質

アスリートでは、競技やトレーニングの強度によって、たんぱく質の必要量が異なります。減量や日常的に体重コントロールが必要な競技を行うアスリートでは食事量を少なくする傾向があり、エネルギーやたんぱく質の摂取不足から貧血が悪化することも考えられます[25]。

貧血症状のあるアスリートでは、鉄と一緒にたんぱく質の摂取量も増やすと（表10）、鉄欠乏状態の改善が期待できます。

気をつけたい 鉄サプリメントの使い方

減量中や、遠征や合宿などで食環境が変化して十分な食事量やバランスのとれた食事をとることが難しい場合には、鉄サプリメントが有効なこともあります。

鉄サプリメントにもヘム鉄と非ヘム鉄があり、食品と同じように体への吸収率が異なります。どちらを利用するにしても、大量摂取は吸収効率を低下させ、消化管不調の原因となります。食事でとる分と合わせて1日の耐容上限量（成人男性50.0mg、女性40.0mg）を上回らないようにしましょう。

貧血予防として鉄サプリメントを利用する場合には血液検査を受け、自分の鉄状態を確認します。その上で、医師による治療が必要なければ、何よりもまず食事から鉄・その他の栄養素をとることを優先し、足りない分を補うためのサプリメント利用は慎重にし、とってもせいぜい10.0mg/日程度にします。

表10 アスリートと運動を習慣的に行わない人の
1日あたりのたんぱく質の推奨摂取量（RDA）の違い

例	単位	非アスリートの たんぱく質（RDA）	標準的なアスリートの たんぱく質（RDA）
60kg 女性	たんぱく質（g/day）	48	90
	調理済み肉 (総たんぱく質量(g/日)*の50％として計算)	92	172
80kg 男性	たんぱく質（g/day）	64	120
	調理済み肉 (総たんぱく質量(g/日)*の50％として計算)	123	230

* 食肉から摂取するたんぱく質量は1日の総たんぱく質摂取量の50％を推奨する。調理した牛肉（脂質含量15％）の可食部100gあたりのたんぱく質含量は26gと計算した。アスリートの標準的な食事として、たんぱく質の推奨摂取量は1.5g/kg/day[27]として計算した。

(Meyer N, et al. 2017[26] より改変)

4. 貧血にならないための食事の基本

☞Point

- 鉄（非ヘム鉄）はビタミンCと一緒にとる
- 3食すべて、「たんぱく質のおかず+鉄の多い食品」をセットで食べる
- 大豆製品や補食の活用で、上手に鉄を確保

貧血予防・改善に必要な食事のとり方と栄養素

① 1日3食+「食事の基本形」を守る！

　陸上競技インターハイ出場選手を対象とした調査結果を見ると、中学2年生、高校1・2年生で貧血になる選手が増加する傾向にあることがわかります（図15）。

　これは、中学2年生や高校1・2年生の時期は急激に身長が伸び、トレーニング量が増加、さらに高校2年生では練習の質・量がともに高まる時期だからと考えられます。これらの年齢では、運動による消費エネルギーと合わせて成長に必要なエネルギーも必要となるため、それまでと同じような食事のとり方では摂取エネルギーが不足してしまいます。さらに減量中であったり、もともと食が細いな

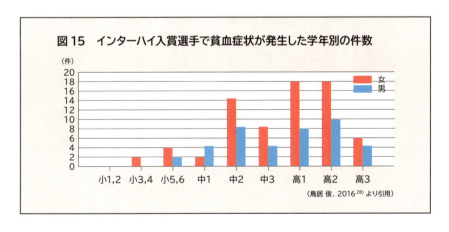

図15　インターハイ入賞選手で貧血症状が発生した学年別の件数

（鳥居 俊. 2016[28]）より引用）

どの理由で食事量が少ないと摂取エネルギーが不足し、赤血球を十分につくり出すことが難しくなり、貧血になることがあります。

　貧血予防には、まず「1日3食を欠かさず食べる」ことと、「毎日の食事は、"アスリートの食事の基本形"(P.14 第1章「2. アスリートの食事の基本形」参照) をそろえる」ことの2つをいつも頭に入れておきましょう。

② 赤血球の材料になる食品を確保

　正常の赤血球をつくるために、まずは鉄とたんぱく質を適切にとることが大切です。消費エネルギーの増加と合わせ、大量の発汗で鉄を失いがちなアスリートでは、鉄を多く含む食品を知り、活用することが欠かせません (P.53 の表9参照)。

③ ビタミンCで鉄の吸収を高める

　鉄は、吸収率の高いヘム鉄と吸収率の低い非ヘム鉄の2つがありますが、鉄の必要量が高まるアスリートでは、非ヘム鉄の吸収率を高めるビタミンCを多く含む食品 (表11) を普段から積極的にとるようにします。

　ビタミンCは、色の濃い野菜に多く、果物では柑橘類 (オレンジ、グレープフルーツ、みかん) やキウイフルーツなどに多く含まれます。手軽にとるには、これらの食品を含んだ果汁100％ジュースもお勧めです。一方、りんご、梨、ぶどう、もも

表11　ビタミンCを多く含む食品

食品（生）100g 中ビタミンCが 30mg 以上の食品例

食品	ブロッコリー	ほうれん草	ミニトマト	キャベツ	じゃがいも	パプリカ(赤)
100gの目安量	小房 7～8個	1/3～1/2束	7～8個 (中)	葉2枚程度	1個 (中～小)	1個 (中～小)
含有量	120mg	35mg	32mg	41mg	35mg	170mg
食品	オレンジ (バレンシア)	グレープフルーツ	キウイ	いちご	柿	オレンジ/グレープフルーツ100%ジュース
100gの目安量	1/2～3/4個	1/2個	1個 (大)	7～8個 (中)	1/2個	コップ1/2杯
含有量	40mg	36mg	69mg	62mg	55mg	42/53mg

にはビタミン C が少ないことも知っておきたい点です。

貧血予防・改善のための食事の工夫　5 つのポイント

具体的な食事内容のポイントは次のとおりです。食事内容を毎日チェックすることが予防につながります。

ポイント1　3 度の食事は欠かさずに

アスリートでは、トレーニングに見合う食事量の確保が大切。前ページにも示したとおり、貧血を予防するためには、鉄やたんぱく質だけでなく、多くの栄養素が関係するため、1 日 3 度の食事をおろそかにしないことが鉄則です。減量が必要な場合には、計画的に体脂肪を落とすための食事プラン (P. 127「目的別アスリート飯(めし)」参照) をたて、無理な減量をしないようにします。

ポイント2　3 食すべて、「たんぱく質のおかず+鉄の多い食品」をセットで食べる

アスリートの場合、1 日の鉄必要量は 15.0 〜 18.0mg。これを 1 日の 3 度の食事に分けると、1 食あたり 5.0mg 以上の鉄が必要です。朝食がパンだけ、昼食が麺類だけといった食事だと、鉄・たんぱく質不足から貧血になる可能性が高くなります。ひと手間を惜しまず、プラスαの工夫をしましょう。

特に、貧血予防が必要な選手は、1 食の中に、鉄が多く含まれている食品を使った料理を 2 品以上入れると良いでしょう。

朝食	昼食や夕食	1品料理 (パスタやうどん)
パンやごはんに、卵料理や豆腐や青菜のみそ汁・スープを加える	主菜や副菜で鉄の多い食材を使う (副菜に豆腐やあさり、しじみ、青菜などを活用すると良い)	肉、魚介、青菜を組み合わせ、具を多くする

ポイント3　野菜は毎食、果物は 1 日のうち 2 食以上で取り入れる

日本人の食事による鉄の摂取は非ヘム鉄からのことも多いため、吸収を高めるビタミン C を合わせてとる工夫が必要です。ビタミン C は体内に貯めておけないため、野菜は毎食、果物は 2 食以上で食べることを心掛けましょう。

ポイント4　大豆製品を上手に活用する

大豆製品には、たんぱく質だけでなく鉄も多く含まれています。さらに、豆腐や高野(こうや)豆腐、納豆などは低エネルギーのため、体重コントロールや体脂肪を落と

したい時に活用しやすい食品です。

鉄を含む大豆食品と含有量			
納豆 1 パック (40g)	高野豆腐 大 1 個 (20g)	豆乳 1 パック (200mL)	みそ汁 1 杯 (みそ 15g)
1.3 mg	1.5 mg	2.4 mg	0.6 mg

ポイント 5　補食を活用し、鉄を上手に確保

アスリートにとって、1 日 3 度の食事だけでは運動量に見合ったエネルギーや栄養素の摂取が不足しがち。不足分を満たすため、トレーニングの前後を活用し、目的に合った「補食」をとりましょう。

貧血予防が必要な選手→ おにぎり（具は、あさりや牛肉のしぐれ煮）、卵のサンドイッチなど。

補食の内容を変える → 鉄を補給できる食品をとる：種実類（アーモンド、カシューナッツなど）、ドライフルーツ（干しあんず、レーズンなど）、ココアなど。

減量中や合宿・遠征中→ 鉄が強化されている牛乳やウエハースなど、栄養素が補われている食品を活用。

Column
スポーツが原因で貧血に !?　ヘプシジン関与説

近年、研究が進んでいる鉄吸収調節に関わる物質・ヘプシジンは、体内での鉄過剰、感染症や炎症でその量が増加し、鉄の消化管からの吸収や体外への排泄を促すといわれています。

スポーツ時には体内で炎症が起きるため、様々な炎症症状を引き起こす物質・インターロイキン -6（IL-6）が増加します。

最近では、スポーツ時、IL-6 の増加とともにヘプシジンも増加し、そのことが鉄の吸収率低下や貧血を招いている可能性があるという報告もされています[29]。

アスリートは日々の激しいトレーニングにより体内で炎症が起こっていることも考慮して、鉄過剰にならないよう注意が必要です。

ヘプシジンは、様々な角度から研究が行われており、今後も新たな発見がでてくると予想されます。

過剰な鉄分は身体に害です！
「アスリートの貧血対処7か条」

1 食事で適切に鉄分を摂取
質・量ともにしっかりとした食事で、1日あたり15〜18mgの鉄分を摂れます。普段から鉄分の多い食品を積極的に食べましょう。

2 鉄分の摂りすぎに注意
鉄分を摂りすぎると、体に害になることがあります。1日あたりの鉄分の耐容上限量は男性50mg、女性40mgです。鉄分サプリメントを摂りすぎると、この量を超えますので、注意しましょう。

3 定期的な血液検査で状態を確認
年に3〜4回は血液検査を受けて、自分のヘモグロビン、鉄、フェリチンの値を知っておきましょう。フェリチンは体に蓄えられた鉄分量を反映するたんぱく質で、鉄欠乏状態で最も早く低下する敏感な指標です。ヘモグロビン値は最後に低下しますので、貧血では体の鉄分量は極度に減っています。

4 疲れやすい、動けないなどの症状は医師に相談
疲れやすくパフォーマンスが低下する時は、鉄欠乏状態や貧血かもしれません。早めに医師に相談しましょう。

5 貧血の治療は医師と共に
鉄欠乏性貧血の治療の基本は飲み薬です。医師に処方してもらいます。ヘモグロビン値が正常に回復してからも3ヶ月間は続けましょう。

6 治療とともに原因を検索
鉄欠乏性貧血には原因が必ずあります。治療を受けるだけではなく、消化器系、婦人科系、腎泌尿器系などの検査を受けましょう。

7 安易な鉄剤注射は体調悪化の元
鉄剤注射は投与量が多くなりがちで、鉄が肝臓、心臓、膵臓、甲状腺、内分泌臓器や中枢神経などに沈着し、機能障害を起こすことがあります。体調不良とかパフォーマンスが思い通りでない、といった理由で、鉄剤注射を受けることはもってのほかです。鉄剤投与が注射でなければならないのは、貧血が重症かつ緊急の場合や鉄剤の内服ができない場合です。

第4章 疲労骨折を予防する

「最近、痛みがなかなかとれない」
「痛み方が普段と違う感じがする」…、
このような運動中の痛みから始まる疲労骨折は、
アスリートによく起きるスポーツ障害の代表格。
痛みをがまんせず早めに受診すること、
早期の診断・治療開始が大切です。

1. 運動時のしつこい痛みがサイン

👆Point

● くり返しの動作による、身体の同じ部位の"使いすぎ"で発生

● 下半身で多く発生する傾向

● 複数回のX線検査は必須、早期診断にはMRIが有用

骨への小さなダメージの蓄積で起こる

　骨は、硬く変形しにくい構造物で、私たちの身体の形を保つ骨格をつくっています。骨は、6割強がカルシウム化合物、2割強はコラーゲン（たんぱく質）、残りは水で構成されています（図16）。例えるなら、鉄筋コンクリートの建物のコンクリートがカルシウム化合物、鉄筋がコラーゲンといえます。骨はこの2つの成分のおかげで、硬さとしなやかさを保っています。

　骨に発生する障害「骨折」は、
① 一度に大きな力が加わって骨が折れる急性外傷の"骨折"と、
② 小さな力が同じ部位にくり返し加わることで眼に見えないような亀裂が生じ、骨にヒビが入る"疲労骨折"とに分けられます。

　ふつう、ジャンプや着地のような動作で骨に負荷が加わっても、わずかに骨がたわむことで衝撃は吸収されます。でも、身体の同じ部位への負荷がくり返され、そうした負荷が積み重なってできた小さな亀裂が十分に治らないと、ダメージの蓄積から疲労骨折に至ります。疲労骨折をわかりやすく例えるなら、図17のようなイメージになります。疲労骨折では骨の外見上の亀裂は見えなくても、顕微鏡レベルのミクロな亀裂が発生していると考えられています。

疲労骨折は下半身に多い

　疲労骨折は、年齢・性別にかかわらず起こります。種目でみると、ジョギング

や走ることの多い競技のほか、ジャンプや切り返しをするスポーツなどでもよく起こります。また、疲労骨折は身体のどの部位でも発生する可能性があり、競技によっても異なりますが、全体的な傾向としては、上半身の骨より下半身の骨での発生が多く報告されています（図18）。

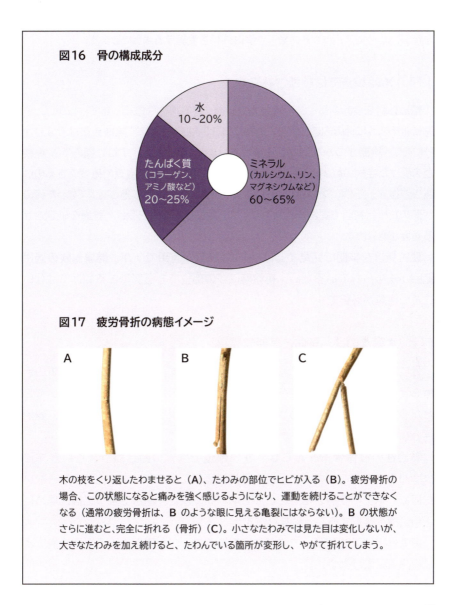

図16　骨の構成成分

図17　疲労骨折の病態イメージ

木の枝をくり返したわませると（A）、たわみの部位でヒビが入る（B）。疲労骨折の場合、この状態になると痛みを強く感じるようになり、運動を続けることができなくなる（通常の疲労骨折は、Bのような眼に見える亀裂にはならない）。Bの状態がさらに進むと、完全に折れる（骨折）（C）。小さなたわみでは見た目は変化しないが、大きなたわみを加え続けると、たわんでいる箇所が変形し、やがて折れてしまう。

運動時の痛みが続いたら、すぐ受診を

疲労骨折の初期症状は、「痛みがとれにくい」「なんとなく普段と違う感覚がある」など、運動時に感じる痛みから始まります。痛みをがまんして運動を続けていると、難治性となって手術が必要となったり、競技を長期間中断しなければならないこともあります。外傷がないのに運動時の骨の痛みが続く場合には、まず疲労骨折を疑い、早めにスポーツドクターや整形外科を受診するようにします。

1回のX線検査では診断されにくい

整形外科を受診すると、X線検査を行って骨の状態を確認します。しかし、疲労骨折のように骨の内部に発生したミクロな傷は、1回のX線検査だけではわかりにくく、診断がつかない場合も多くあります。図19は、すねの痛みでX線検査を受けた症例の経過を追ったものです。このようにX線検査で確認できるのは、傷を修復するためにつくられた未熟な骨（仮骨）や仮骨が成熟して太くなった骨の状態のため、初回で異常がみられなくても継続して検査を受け、診断を確定させる必要があります。

疲労骨折を早期に発見するにはMRI検査が有用ですが、健康保険の適用範囲が決められているため、初診時にどの部位でも撮影できるわけではないことに注意が必要です。

何より大事なのは、予防と早期発見

骨には、みずから修復する力が備わっています。ですから、疲労骨折の治療も骨折が起きた患部の負荷を減らすことで骨の修復が進み、治っていくことが多いのですが、骨の形や骨折箇所の特性によっては修復が進まず、難治性となる疲労骨折もあります（図18）。

難治性の疲労骨折を起こしやすい部位では骨の癒合（ゆごう）がうまくいかずに偽関節化（ぎかんせつ）することが多く、急性の骨折に至ることもあります。そうならないために、十分に安静をとることが大切です。また、場合によっては、早めに手術治療を選択することになります。

疲労骨折は予防が第一ですが、骨折後であっても早期受診・早期治療により復帰も早まります。

図18　疲労骨折が起こりやすい部位

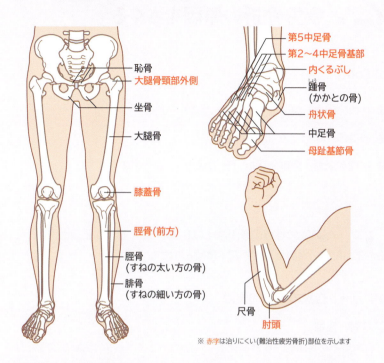

※ 赤字は治りにくい(難治性疲労骨折)部位を示します

図19　疲労骨折のX線像の経過(1週〜4週)

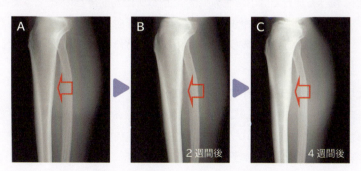

赤い矢印は疲労骨折部位。最初に撮影したX線像(A)では特に何も見えなかったが、2週間後(B)、4週間後(C)には新しくできた骨(仮骨)で盛り上がり、太くなっていくのがわかる。

2. 疲労骨折の原因をさぐる

✋Point

● 身体の硬さも疲労骨折を起こしやすい一因に

● 過度のトレーニングは逆効果

● 無理な減量・食事制限は、疲労骨折リスクを高める

　アスリートの疲労骨折の原因は1つとは限らず、様々な要因が関係しています。おおまかには、次のような要因が挙げられます。

アスリート自身の身体的要因

① 年齢・性別

　疲労骨折の発症は16歳前後をピークとして、スポーツの活動がさかんな中学生・高校生・大学生に多くみられます[30]。しかし、小学生から社会人を対象とした疲労骨折に関する調査では小学生の発症は全体の15％前後であったとする報告もあり、近年は小学生の疲労骨折が少なくなく、低年齢層での発症が増加しています[31]。陸上長距離選手にみられる恥骨下枝の疲労骨折は女性に多く発症しています[30]。

② 体力・体格／アライメント（姿勢や骨の形）

　競技で求められる技術水準に対してアスリートの体力や筋力が追いついていない場合、身体に余計な負荷がかかり、疲労骨折につながります。また、疲労骨折の部位によっては身体の柔軟性が関与するものもあり、身体が硬いと疲労骨折が起こりやすくなることもあります。

③ 骨の強さ（骨密度）

　骨密度が低いと骨折しやすくなります。骨を強くするためには、栄養がとても重

要です。骨の量は 20 歳くらい以降になると増えないため、特に小学生～高校生の間に骨の量を増やすことが重要とされています。

環境・トレーニング要因

① 過度のトレーニング

　身体の同じ部位のオーバーユース（使いすぎ）は、陸上長距離の過度な走行距離などが代表的です。日本陸連医事委員会で行った調査では、オーバートレーニング症候群のような自覚症状（疲労が十分に回復しないまま運動を続け、慢性疲労状態に陥り、疲れやすい、だるい感じ、睡眠障害、食欲がなくなる、体重減少、集中力がなくなる、のうちでいずれか１つでもみられたもの）があった選手や休日をとらずに練習をしている選手で疲労骨折が多く発症していました [32-34]。疲労骨折の予防には疲労が蓄積されないように適切な練習量や練習内容と練習の休日を設けることが大切です。

② シューズの選択

　足のサイズに合っていなかったり、機能性よりデザイン重視のシューズも足にとって大きな負担となります。

栄養要因

① カルシウム不足

　カルシウムは骨をつくる主な材料のため、不足すると骨が弱くなり、疲労骨折を起こしやすくなります。「日本人の食事摂取基準（2015 年版）」[19] で目安とされている１日のカルシウム摂取の推奨量と日本人の実際のカルシウム摂取量は次のとおりで、男女とも推奨量を下回っています。

1日のカルシウム平均摂取量 日本人の食事摂取基準（2015年版）より	7～14歳	15～19歳	20～29歳		
	男子：698 女子：646	男子：528 女子：462	男子：435 女子：420		
1日のカルシウム摂取推奨量 平成29年「国民健康・栄養調査」より	8～9歳	10～11歳	12～14歳	15～17歳	18～29歳
	男子：645 女子：750	男子：708 女子：732	男子：991 女子：812	男子：804 女子：673	男子：778 女子：660

単位：mg／日

さらに、スポーツでは発汗でカルシウムが失われる[35,36]ことや、疲労による消化管からの吸収力低下などを考えると、アスリートではよりいっそうカルシウムを意識した食事が必要です。

② ビタミンD不足

ビタミンDの役割は、小腸でのカルシウムの吸収を高めることです。そのため、ビタミンDの不足は体内のカルシウム濃度低下につながり、骨の軟化（骨が強くならない）を引き起こします。実際に、血中のビタミンD濃度が低いアスリートでは疲労骨折のリスクが高いことが報告されています[37,38]。

1日のビタミンD摂取量 日本人の食事摂取基準（2015年版）より *男女の平均	7〜14歳		15〜19歳		20〜29歳	
	平均値：5.7 中央値：3.5		平均値：6.1 中央値：3.1		平均値：5.0 中央値：2.4	
1日のビタミンD摂取の目安量 平成29年「国民健康・栄養調査」より *男女とも同じ	8〜9歳	10〜11歳	12〜14歳	15〜17歳	18〜29歳	
	3.5	4.5	5.5	6.0	5.5	

単位：μg/日

ビタミンDの1日の摂取の目安量と日本人の実際のビタミンD摂取量は上のとおりで、平均値では目安量を満たしていますが、中央値では大幅に下回っています[39]。これは、ビタミンDの摂取量が足りている人は十分な量を摂取できていますが、半数以上の人でビタミンDの摂取が不足していることを意味します。ビタミンDを多く含む魚の摂取が減ってきていることが原因の一つとして考えられます。

③ 減量と相対的エネルギー不足

減量のための不適切な食事や、運動や生活のために必要なエネルギーに対して摂取エネルギーが不足している状態［相対的エネルギー不足 relative energy deficiency in sports(RED-S)[40]］だと、カルシウムやビタミンDの摂取も減り、骨密度が低下します。最近では、アスリートの相対的エネルギー不足は、免疫、代謝、心血管系、成長・発達など様々な身体のシステムに悪影響を及ぼすこともわかってきました。いわゆる「女性アスリートの三主徴」[41]もその一部ですが、これらは月経を除けば男性アスリートにもあてはまり（図20）、アスリートのパフォーマンス低下の要因とされています[40]。

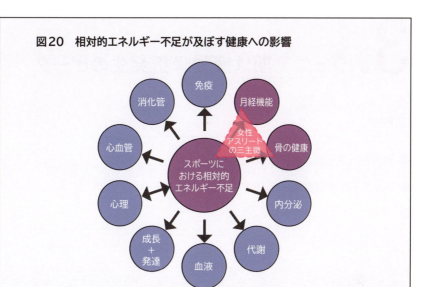

図20　相対的エネルギー不足が及ぼす健康への影響

(Mountjoy M, et al. 2014 [40]) をもとに作図）

Column
女性アスリートと疲労骨折 〜女性ホルモンと骨の関係〜

　女性アスリートの疲労骨折に月経（生理）の異常が密接に関係しています。無理な減量による相対的エネルギー不足でホルモンバランスが崩れると（女性ホルモンの一つ"エストロゲン"の分泌低下）、月経がなくなることも少なくありません（無月経）。

　エストロゲンには骨形成（骨をつくる）を促して骨吸収（骨を壊す）をおさえ、骨密度を維持する働きがあります。このエストロゲンの分泌が低下すると骨吸収が優位となって骨がもろくなり（骨密度低下）、そこに骨への継続的な負荷が加わると、疲労骨折の発生リスクが高まります（P. 82 第5章「1. 女性アスリートを悩ませる月経とヘルスケア」参照）。

3. ジュニア期は疲労骨折発生のピーク

☝Point

● 疲労骨折発生のピークは 16～17 歳

● ジュニア期の傷害は、その後の人生に影響する

● 骨は、ジュニア期に十分に増やす

　ジュニア期のアスリートで起こるスポーツ傷害は、身体面だけでなく精神面にも悪影響を及ぼす可能性があります。成長途中の肉体に関わっているため、その後のアスリート生活や成人後の健康状態への影響まで考えて対応する必要があります。
　世界的にも、スポーツ選手に対する「疾病障害予防プロジェクト」が重要視されており、より安全で科学的なトレーニングの実施と適切な環境が大切です。

ジュニアアスリートの疲労骨折の現状 ～陸上競技ジュニアの調査から～

　ジュニアアスリートの傷害の現状について、陸上競技を例にみてみましょう。
　日本陸連医事委員会では、陸上競技に取り組むジュニアアスリートを様々な傷害から守るため、2014 年から「陸上競技ジュニア選手のスポーツ外傷・障害調査」を実施しています[42-44]。
　この調査結果によると、まず、陸上選手のスポーツによる外傷・障害歴の割合はどの年代でも 5 割を超えていることから（図 21）、スポーツ傷害が低年齢化の傾向にあること、他の年代より外傷・障害歴の割合が高い高校生選手に対するケアが重要課題であることがわかります。
　ちなみに、外傷・障害の内訳は、図 22 の結果となっています。
　次に疲労骨折の経験者の割合をみると、中学生では種目に関係なく全体の 2 割程度、高校生では特に駅伝選手でその割合が大きくなる傾向にありました（図 23）。さらに、同じ陸上競技でも、種目によって骨折の部位に違いがみられました（図 24）。

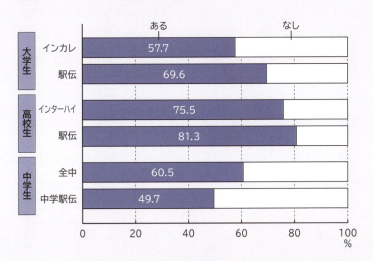

図21 スポーツによる外傷・障害歴

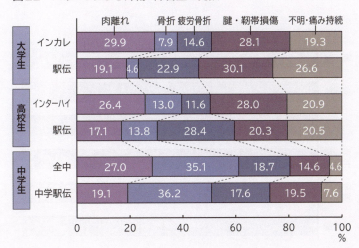

図22 スポーツによる外傷・障害歴の内訳

調査対象： 調査は、いずれも無記名のアンケート方式で実施
[**大学生**] 2017年度日本学生陸上競技対校選手権大会、全日本大学駅伝対校選手権大会、全日本大学女子駅伝対校選手権大会出場の全選手 計909人
[**高校生**] 2013年度インターハイ全国大会、2014年度全国高校駅伝出場の全選手 計2,873人
[**中学生**] 2016年度全日本中学校陸上競技選手権大会、全国中学校駅伝大会出場の全選手 計1,132人

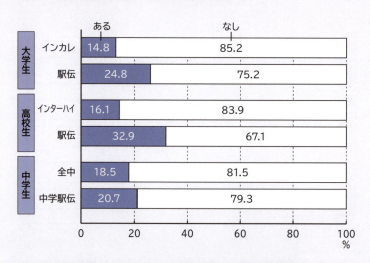

図23 疲労骨折の経験 ― 年代別発生比率

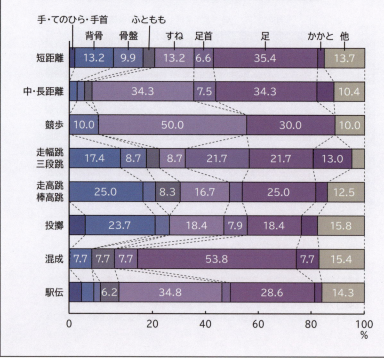

図24 陸上競技にみる 高校生の種目別疲労骨折発生部位

疲労骨折予備軍は"やせ体型"で"食事制限中"の男子選手

　高校駅伝選手の疲労骨折のリスクファクターの検討[32,33]によると、疲労骨折は男子選手でも多く発生しており、女性アスリートの三主徴（無月経・摂取エネルギー不足状態・骨粗鬆症）と同様の対応、つまり過度な食事制限からくる相対的エネルギー不足と骨密度低下（骨粗鬆症）の予防の必要性[32-34]が浮かび上がってきました。

　さらに高校生を対象とした調査[43]では、高校駅伝選手で食事制限を実施した選手は全体の35.3%、そのうち疲労骨折経験者は41.0%で、食事制限をしなかった選手の発生率29.6%と比べると、明らかに高くなっています。中学生男子選手を対象としたBMI（体格指数）と疲労骨折の関連の検討でも、BMI18.5 kg/m^2未満の疲労骨折発生率が26.0%であるのに対し、BMI18.5kg/m^2以上では10.4%と大きな差がつきました[44]。

　今まで疲労骨折発症のリスクファクターとして、主に練習量、骨格の問題、走行フォーム、走行路の環境などが多く議論されてきましたが、エネルギー不足もその1つとして認識する必要があります。

ジュニア期は骨をしっかり増やすべき時期

　ジュニア期のアスリートは、一生の骨の量を決める重要な時期も同時に迎えています。男子の場合は12～14歳、女子はこれより少し早い時期に、一生のうちの30～40%の骨量が蓄えられるといわれています。ジュニアアスリートでは、ジュニア期の「骨を増やすべき時期」に骨の量を十分に増やすような生活と競技生活との両立が重要です。

4. 予防のカギは食事

✋Point

- 骨の健康にとって最大の敵は、エネルギー摂取不足
- 骨づくりには、カルシウム＋ビタミンDをたっぷりと
- カルシウムは身体に吸収されにくい。吸収率を高める工夫も忘れずに

牛乳・乳製品は毎食とる！

　疲労骨折の予防には、食事や補食を通して強い骨をつくること＝骨（骨塩）の材料となるカルシウムをしっかりとることが最も重要です。そのためにも、カルシウム供給源の代表格である牛乳・乳製品は毎食とるようにします（図25）。

　小魚や魚の缶詰などは骨ごと食べられるため、効率の良いカルシウム源です。丸ごと食べられるしらす干しやちりめんじゃこも、おにぎりに混ぜたり、カリカリに炒めてサラダのトッピングにするなどして積極的に活用したい食品です。

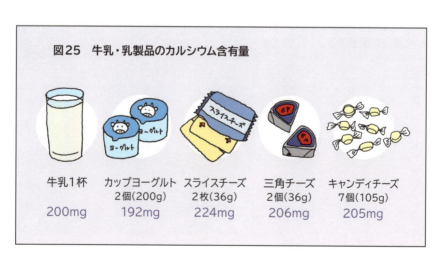

図25　牛乳・乳製品のカルシウム含有量

牛乳1杯	カップヨーグルト2個(200g)	スライスチーズ2枚(36g)	三角チーズ2個(36g)	キャンディチーズ7個(105g)
200mg	192mg	224mg	206mg	205mg

あまり知られていませんが、がんもどき、生揚げ（厚揚げ）、高野豆腐などの大豆製品や青菜類もカルシウム供給源となります（図26、27）。

牛乳や乳製品が苦手でも、ヨーグルト、チーズ、スキムミルクなどで代用する、がんもどきや、おからを料理に使う、みそ汁にカルシウムを多く含む青菜を入れる、レタス主体のサラダに水菜をプラスするなど、様々な方法でカルシウム供給源を組み合わせ、1日の推奨量（P. 67参照）を満たすようにしましょう。10代のアスリートの場合、1日あたり650～1,000 mgのカルシウム摂取が目安です。

強い骨づくりには、カルシウムとビタミンD

　カルシウムは吸収されにくい栄養素の一つです。牛乳・乳製品に含まれるカルシウムの吸収率は40％、小魚類33％、青菜類17％ほどで、食事でとったカルシウムがすべて吸収されるわけではありません。

　カルシウム吸収を促進する物質として、ビタミンD、有機酸、乳糖（乳に含まれる糖質）などがあります。ビタミンDは、肉、乳製品、野菜類からはほとんど摂取できませんが、魚類やきのこ類、特に魚類・魚卵に非常に多く含まれています（図28）。例えば、さけの切り身1枚だけでも「日本人の食事摂取基準（2015年版）」[19]のジュニア期の1日摂取量の目安の4〜5倍をとることができるのです。

　カルシウムを多く含む食材と、さけやいわしなどの魚類、きのこ類などビタミンDが豊富な食材やカルシウムの吸収を高める酢を献立に積極的に取り入れ、主菜が肉だけに偏らないようにしましょう（図29）。

骨の健康に関わる栄養素の不足＋摂取エネルギー不足は骨づくりにマイナス

　骨の健康に関わる栄養素として、カルシウム、ビタミンDのほかに、たんぱく質、ビタミンK、ビタミンC、リン、マグネシウムなどが知られています。カルシウムとビタミンDを十分にとっていてもこれらの栄養素が不足していると、骨づくりに悪い影響をもたらす可能性があります。

　また、それ以上に、朝食をとらずに登校するなどの欠食や減量目的の極端な食事制限によって摂取エネルギーが不足することも、強い骨づくりをさまたげる要因になります。

図28　ビタミンDを多く含む食品

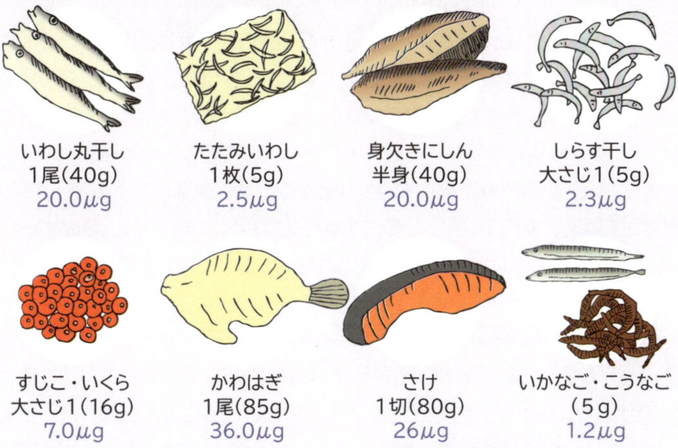

いわし丸干し	たたみいわし	身欠きにしん	しらす干し
1尾(40g)	1枚(5g)	半身(40g)	大さじ1(5g)
20.0μg	2.5μg	20.0μg	2.3μg

すじこ・いくら	かわはぎ	さけ	いかなご・こうなご
大さじ1(16g)	1尾(85g)	1切(80g)	(5g)
7.0μg	36.0μg	26μg	1.2μg

(分量下の数字は、いずれもビタミンD含有量)

図29　カルシウムの吸収を高める食品の組み合わせ例

カルシウム供給源：青菜　小魚　大豆製品

＋

カルシウム吸収促進因子：ビタミンD　食酢・クエン酸　乳糖・乳たんぱく

料理例：
- 青菜とスモークサーモンのパスタ
- しらす干しと野菜の酢の物
- 生揚げと野菜のミルク煮

第4章　疲労骨折を予防する

疲労骨折予防10か条
~疲労骨折に注意！ 予防しましょう！~

疲労骨折 (stress fracture) とは、ごく小さな外力の繰り返しにより、骨に慢性的にストレスが加わり、ついには骨に微細骨折を生じた状態をいいます。ランニングの繰り返し、走り過ぎなどにより生じ、骨にヒビのような状態を作り、時には完全骨折にいたることもあります。マラソンなどの長距離ランナーや市民ランナー、中高生でもよくおこります。脛骨（すねの太い骨）、中足骨（足の甲の骨）によく生じます。女性では、エネルギー不足、無月経、低い骨密度が関係し、女性アスリートの三主徴とも言われます。一度、発症すると1～3ヵ月と長期にわたり、まともに走ることができなります。よって本症の予防は大切です。

ひ 疲労感、体調には十分気をつけましょう。

ふだんと違う感覚があれば勇気を持って休みましょう。休むこと、これも大切な練習サイクルのひとつです。どうしても走らないと落ち着かなければ、たくさん歩きましょう、痛くなければ。また、プールで歩くことも薦めます。プールでの体重の負荷は、腰の高さで半分になります。

ろ ロードでもトラックでもフィールドでもたくさん走れば発生します。

疲労骨折はロードでも、トラックでも、グラウンドでも、体育館でも、使い過ぎにより生じます。では、どのくらい走れば疲労骨折になりやすいか？ これはとても気になることですが、残念ながら、決まりはありません。体力・体格の個人差、環境の問題などいろいろな要素があり、一概には決められません。

う 運動しすぎは要注意です。

疲労骨折は走り過ぎだけではなく、よくジャンプするスポーツでも生じます。脛骨（すねの太い骨）、中足骨（足の甲の骨）によくみられますが、いろいろな骨、どこにも生じます。骨盤の恥骨・坐骨、大腿骨、腓骨（下腿の細い方の骨）、足の足根骨（踵骨など）などあらゆる骨にみられます。

こ 骨密度が低ければ、発症率は高くなります。

骨の力学的強さをみる目安の一つに骨密度があります。骨密度が低いと、骨は外力・ストレスへの抵抗力が弱くなり、疲労骨折を起こしやすくなります。骨密度は20歳前後でもっとも強く、残念ながら後は徐々に弱くなっていきます。骨密度を高くしたければ、カルシウムをよく取り、日光を浴びて（骨代謝に重要なビタミンDの代謝が亢進）、適度な無理のない力学的負荷（動いたり、歩いたり、無理なく走ったり）を与えてください。

JAAF 日本陸連アドバイス

つ　つらい減量は疲労骨折のもとです。

減量のための不適切な食事では、疲労がたまり、体調をくずし、故障を繰り返し、疲労骨折が起きやすくなります。摂食障害、エネルギー不足は疲労骨折を起こしやすくなります。きちんと食事をして、走って、動いて、体重が増えないようにしましょう。

せ　生理（月経）がこないようでは骨が減ります。

無月経を放置すると、骨密度を維持するエストロゲンが不足する結果、骨は弱くなります。摂食障害があり、月経が来ないと若い女性でも骨密度は減ります。また女性では、閉経後しばらくして、エストロゲンの分泌不足に伴い、明らかに骨密度は減ります。気になる方は、一度は骨密度を測定することをお勧めします。

つ　疲れた筋肉では、骨を守れません。

筋肉がきちんと働かないと、走ることによる骨への負担はとても大きくなります。筋力が適度にあると、骨への力学的負担を減らし、繰り返しのストレスを軽減し、疲労骨折を起こしにくくします。走るだけではなく、適当に筋力訓練もすることをお勧めします。

よ　よい栄養をとりましょう。

ビタミンDやカルシウム、たんぱく質など、バランスのよい食事をとりましょう。骨を形成する重要な要素であるカルシウムはもちろん取る必要はありますが、骨の代謝をよくするためには、ビタミンDの摂取も大切です。栄養、ビタミン系は健康補助食品ではなく、普通の食事で取ることをお勧めします。

ぼ　ボーイにもガールにも、疲労骨折はおこります。

女子に多く発症しますが、男子にも生じます。疲労骨折は高校生、大学生・実業団選手によくみられますが、ピークは17歳くらいです。

う　運動、ランニング中のしつこい痛みは、すぐ医師へ。

早期に疲労骨折が発見され、治療を開始した選手は復帰も早いです。早期治療、早期スポーツ復帰、重要です。痛みが続くときは一人で悩まずにスポーツドクターを受診してください。また疲労骨折はX線画像で変化がみられますが、初期にはまだ陽性所見を呈しないことがありますので注意してください。

第5章 エネルギー不足を予防する

アスリートにとって、トレーニングや試合で消費した分のエネルギーを食事からとることは、ケガや骨折の予防の上でとても重要です。
思春期特有の身体の変化とパフォーマンス向上との間で悩み、無理をしてしまうことが少なくない女性アスリートでは、その後の競技人生を大きく左右することもあります。
また、最近では、エネルギー不足によると思われる男性アスリートの骨折も増えています。
女性アスリートだけでなく男性アスリートにとっても注意が必要なエネルギー不足について考えます。

1. 女性アスリートを悩ませる月経とヘルスケア

👉 Point

- 女性アスリートは、思春期の身体の変化を理解しよう
- 女性アスリートの三主徴（FAT）予防の第一歩は、十分量の食事
- 無月経が3カ月以上続いたら、早めに婦人科を受診すべき

思春期の身体の成長とパフォーマンス

　思春期の発育の男女差は、アスリートのパフォーマンスにとても大きく影響します。

　男性アスリートにとって思春期の身体の変化は、男性ホルモンの増加による筋力増強、骨格の形成など、ほとんどのスポーツ競技をする上で有利に働きます。

　一方、女性アスリートにとっては、残念ながら必ずしも有利とはいえません。増えた体脂肪・体重は、早く走ったり高く跳んだりする上では障害になります。個人差はあるものの、月1回の月経の時の腹痛や気分の落ち込みなどもパフォーマンスにとってはマイナス要素です。「女性らしくなった」という本来はほめ言葉であるはずの言葉もスポーツ指導の現場では歓迎されないのは不幸な現実といえます。女性アスリートが結婚、あるいは妊娠でもしようものなら、競技の第一線から退くのは当然のことと現在でも考えられていることが少なくありません。

女性アスリートならではの健康問題 "FAT"

　一般的に女性は9歳ごろから乳房の発育が始まり、恥毛が生え始めます。さらに、身長・体重・体脂肪が急激に増加し、12歳ごろに初経（初潮）を迎えます。初経直後の数カ月〜1年程度は排卵が不確実なため月経周期は安定しませんが、徐々に平均28日の月経周期が確立されていきます。

　月経周期が確立する＝規則的な排卵があるということで、生物学的には十分妊

娠が可能なことを意味します。女性にとって妊娠とは、10カ月近くかけて3kgもの生命体を胎内で育て上げることであり、身体に相当なエネルギーの蓄積、余裕がないとできない営みといえます。実際、初潮を迎える条件として体重が43kgを超えることが必要だとか、BMIが17.5 kg/m^{2}を超える必要があるなど、いくつかの指標がいわれており、身体にある程度の体脂肪の蓄積が必要なのだと考えられます。

女性アスリートにとって、思春期のこうした自然な身体の変化とスポーツ競技で求められる身体特性との間で生まれる矛盾が表面化したのが、いわゆる「女性アスリートの三主徴（female athlete triad：FAT）[41]」です。三主徴とは、①エネルギー不足、②無月経、③骨密度低下（骨粗鬆症）の3つのトラブルを指します。これらは同時に発生するのではなく、①→②→③といった原因と結果の関係にあることがはっきりとわかっています。

女性ホルモンには、エストロゲン（卵胞ホルモン）とプロゲステロン（黄体ホルモン）の2つがあり、どちらも卵巣から分泌されています（図30）。エストロゲンは骨形成を促す一方、骨吸収をおさえて骨密度を保つ働きがあり、プロゲステロンは月経に必要な排卵を促します。これら女性ホルモンの分泌には脳の視床下部と下垂体が指令塔の役割をしていて、分泌を促すホルモン［性腺刺激ホルモン：卵胞刺激ホルモン（FSH）と黄体化ホルモン（LH）］を通じて卵巣に働きかけ、分泌を調節しています。女性アスリートのFATを女性ホルモン分泌との関係でみると次のように考えられます。

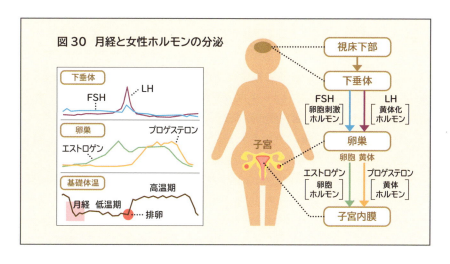

図30 月経と女性ホルモンの分泌

FAT1　エネルギー不足

　エネルギー不足とは日々の栄養摂取がトレーニングによる消費エネルギーに対して足りない状態を指します（P.66 第4章「2. 疲労骨折の原因をさぐる」参照）。主な原因は、過度なトレーニングと軽量・やせ型体型を目指すがゆえの食事制限の2つが考えられます。

　現在では、「女性には長時間・高強度のトレーニングをさせるのは無理」というかつての常識は通用しなくなり、女性でもハードトレーニングに打ち勝ったアスリートがトップになる時代となり、トレーニングが過度になる傾向にあります。また、中長距離走、マラソンなどの持久系スポーツや体操・新体操・フィギュアスケートなどの審美系スポーツでは、その競技特性から軽量・やせ型が有利になるため、結果を重視するあまり無理な食事制限に走りがちです。実際に、こうした競技の女性アスリートの30〜50％程度が無月経であるといわれています。

　日々のエネルギー摂取が不足すると、女性ホルモン分泌の司令塔としての脳の機能が狂い、指令が出されなくなることから、卵胞刺激ホルモン（FSH）・黄体化ホルモン（LH）の分泌が減少します。すると、排卵が行われず無排卵となり、無排卵から無月経、女性ホルモン（エストロゲン＋プロゲステロン）の低下、ひいては骨粗鬆症に至るというプロセスをたどるのです[48]。

FAT2　無月経

　女性アスリートにとっての無月経は、疲労骨折を起こしやすくなることを意味します。

　無月経になると、骨の形成に関わるエストロゲンの分泌が低下します。この低エストロゲン状態が長引くと骨密度が低下していき、骨折のリスクを高めます[49]。

　骨密度を正確に測るには、DXA法というX線による計測方法があります。この方法で測った若い女性の腰椎骨密度の平均値をYAM値（young adult mean：若年成人平均値）といい、YAM値の80％以上が正常範囲です。女性長距離ランナーの腰椎の骨密度をみてみると、YAM値を上回った人はわずかに5％未満でした。YAM値の70％台だとほぼ無月経、20歳近くになっても初潮を迎えていない選手はYAM値の60％台ということさえあります。

　女性アスリートでは、YAM値の80％未満になると、疲労骨折や骨盤まわりのケガが明らかに多くなります。そうなると、継続的なトレーニングができず、試合にもなかなか出られない状態に陥り、本人の意に反して引退するしかなくなるケースもあります。才能がありながら度重なる故障が原因で競技生活から離れていく

選手の背景にはこうした問題が隠れている可能性があることも知っておきましょう。

FAT3　骨密度低下

　無月経から骨密度が低下し、骨密度が YAM 値の 80％未満に低下、あるいは疲労骨折を起こしている場合には、骨密度の増加を急ぐ必要があります。

　骨密度の増加には、①エストロゲンの十分な分泌、②十分な体重、③ビタミンD・カルシウムの充足が必要です。体重を増やすのは長距離選手にとっては勇気がいることですが、将来の競技生活を考えると、しっかりした食事でエネルギー不足を解消して骨密度を上げることを優先すべきです。せめて、故障やリハビリ期間中は、十分量でしっかりとした食事をとって体重は重めで調整することを勧めます。また、疲労骨折で悩んでいる陸上選手には、医師とよく相談することが条件になりますが、ビタミン D 製剤の利用が有効となる場合もあります。

ホルモン補充で低エストロゲンを改善

　婦人科での採血検査の結果、エストラジオールが 20pg/mL 以下に低下している場合は、低エストロゲン状態といえます。さらに、黄体化ホルモンも 2mIU/mL 前後にまで低下している場合には、当分の間、排卵・月経の回復が見込めないため、ホルモン療法の開始が望ましいでしょう。

　低エストロゲン状態のままだと骨密度は低下する一方なので、骨密度維持を目的にエストロゲンを補充します。最近は経口剤ではなく、皮膚に貼るタイプの吸収剤を使うことが多く、エストラジオール値を 50pg/mL 程度にまで引き上げる効果が期待できます。

　ただ、エストロゲン投与だけを続けると子宮内膜に悪影響を与えるため、1～2カ月に 1 回は黄体ホルモンを 10 日間ほど内服し、内服終了時に消退出血を起こす必要があります。

　また、無月経の治療として低用量ピルが処方される場合がありますが、体重コントロールに苦しんだり体調を崩すもとになったりした例が多いため、必ずしもお勧めできません。数カ月間のホルモン療法後、無月経の原因となったエネルギー不足が改善されているならば、自然に月経が回復するか様子を見てもかまいません。

Column
無月経アスリートへの対処法

◆中学卒業の段階で初潮を迎えていない場合

婦人科の受診をお勧めします。

婦人科では子宮や卵巣の発育を確認した上で、採血により黄体化ホルモン（LH）や卵胞刺激ホルモン（FSH）、エストラジオール、テストステロンなどのホルモン値を検査して原因を特定します。これにより、初潮がない原因がエネルギー不足によるものなのか、体重増加不足なのか、あるいは性腺や子宮の先天的な問題なのかをはっきりさせます。その上で、中学から高校へ移行する1～3カ月間は十分に身体を休ませ、初潮が来るのを期待して待ちます。

中学生の時期に、競技成績にこだわるあまり専門的な高強度のトレーニングをしすぎたり、食事制限をしたりするのは改めるべきです。たしかに良いタイムが出るかもしれませんが、それは高校生やその先で出すべきタイムを先取りしただけ。そのタイム自体が選手の重荷とならないよう、保護者や指導者のみなさんは十分に気をつけてください。

◆高校生以降で、月経が止まってしまった場合

こうした例は、高校や大学・実業団の強豪チームに入り、練習の質・量が急激にアップした場合に起こりがちで、たいていは体重の減少を伴います。無月経が3カ月以上続いている場合には、やはり婦人科で各種ホルモン値を検査してもらうのが良いでしょう。また、同時に骨密度も測定してもらいましょう。

2. 事例でみる女性アスリートの健康障害

👉Point

- 無月経は"頑張っている勲章"ではない
- 体重だけでなく体組成の変化（体脂肪、筋肉量など）にも気を配ろう
- アスリートのダイエットは摂食障害への入り口

　女性アスリートに特有の疾患や悩みである、①無月経、②月経困難症、③体重コントロール、④摂食障害について、具体的な事例を挙げて対処法を考えていきます。

①無月経とそれに伴う骨密度低下

　それまで来ていた月経（生理）が止まった、もしくは来る頻度が減ったという経験をしたアスリートは少なくないのではないでしょうか。そして、月経が来なくなることで不安に思っているアスリート、保護者、また、その反対に「月経が来ないことは頑張っている勲章」だと思っているアスリートも多いことでしょう。

　無月経とは、月経が3カ月以上連続して起こらないことをいい、陸上競技では長距離選手に多くみられます。

事例1　長距離A選手

高校時代
　入学後、練習量が増加、月間走行距離は700〜800kmまで増え、1年生の秋以降月経が来なくなる。

実業団時代
　監督から月経が来ていないことを心配されていたにもかかわらず、"月経がないことは頑張っている証拠""一流選手の仲間入りを果たせた"と考えていた。
　↓

その後、左右の腓骨や腰（仙骨）の疲労骨折などを起こしたため骨密度を測定。骨密度が非常に低いことを医師から指摘される。

↓

無月経が低骨密度の要因と考えられたため、エストロゲン補充療法を開始。その後は疲労骨折を起こすことなく、2009年の国際大会でメダルを獲得。

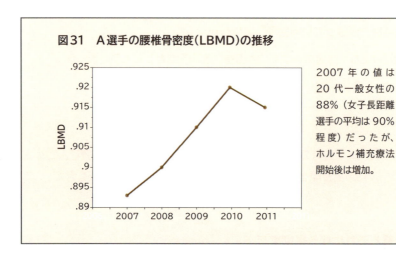

図31　A選手の腰椎骨密度（LBMD）の推移

2007年の値は20代一般女性の88%（女子長距離選手の平均は90%程度）だったが、ホルモン補充療法開始後は増加。

解説＆アドバイス

　A選手のような無月経の長距離ランナーは決して珍しくはありません。月経がないことを勲章のように捉えている選手や指導者がいまだに存在することも事実です。ホルモン剤投与で何回か消退出血があったとしても、治療を継続しないと骨密度の増加は期待できません。
　女性は通常、12～16歳に骨密度の増加速度が最大となり、20歳代前半にかけて最大骨量を獲得しますが、それにはエストロゲンが必要です。本来は骨を蓄えるはずの中・高時代に無月経となり、低エストロゲン状態のために骨密度が増加しないと、疲労骨折を起こしやすく、また治りにくくなります。ただ、A選手のように、もともと骨密度が高くなくても、食事に注意してエストロゲン補充療法を行うことなどで骨密度が増加し、故障を減らした結果、活躍できた選手もいます。

②月経困難症（生理痛）

　せっかくトレーニングを積んできたにもかかわらず、月経が試合に重なってしまい実力を発揮できなかった、また、月経時の出血量が多くて試合やトレーニングに集中できないといった悩みを抱えているアスリートも多くいるはずです。同時に、そうしたアスリートのサポートの難しさを感じている保護者・指導者も多いのではないでしょうか。

事例2　短距離B選手

高校時代

　月経痛がひどくなり、月経1週間前から頭痛が起き、月経中は腰痛・腹痛が悪化。立てなくなるほど辛い時もあった。痛みがひどい時は市販薬を内服、大事な試合と重ならないようにただただ祈っていた。月経開始後3日目までは量も多く、昼間でも夜用のナプキンを着用。月経中は調子が上がらず、月経終了後数日間のパフォーマンスが個人的にはベストだった。

実業団時代

　月経痛はさらに悪化。月経1週間前あたりから身体も熱っぽくなり、練習量も調整せざるを得ない状況に。特に有酸素系のトレーニング後は休憩をはさまないと続けられない状態だった。

　医師からピルの話を聞き、婦人科を受診。低用量ピルの内服を開始。痛みは翌月から半減、出血量が減少し月経期間も短縮。体重の増加を伴わずにパフォーマンスが向上。

解説＆アドバイス

　女性アスリートでは排卵や月経の前後に体内の女性ホルモン濃度が変化すると、どうしても体調や気分が変動します。個人差はありますが、月経痛がひどかったり、出血量が多かったりすると試合や練習に影響します。

　このような場合はピルなどのホルモン剤による治療で症状を軽減したり、月経時期をコントロールすることが可能なので、気軽に産婦人科医に相談しましょう。

③体重コントロール

体重コントロールは、多くのアスリートがもつ悩みです。「身体をしぼりたいけれど、どのようにすればいいかわからない」「しぼりすぎてもかえって身体に良くないのでは」など、悩みはつきないことでしょう。

事例3 跳躍C選手

高校時代
高校時代は特に食事管理を行った記憶はない。摂取したカロリーをしっかり消費できるだけの練習量は積んでいた。

大学時代
全寮制だったため、朝はパン・昼は学食・夜は湯沸かし器で用意できるものを摂取していた。
↓
高校時代55kgだった体重が1カ月で7kgも増加。インカレは連覇したものの、体重増加により踏み切り足に負担がかかり、膝をかなり痛めた。春先から秋までシーズンを通して試合に出場できたのは体重が減った大学4年の時だけだった。

現在
高校生の選手を指導する中で、体重で悩んでいる選手がいた場合は決して「食べるな」とはいわないようにしている。実際、体重が重いから悪い、軽いから良いというわけではないと思う。自分に合った体型があるはずなので、自分自身の身体をよく知るよう指導している。

解説＆アドバイス

体重を指標にするのは、あくまで競技のための筋肉と骨格を維持・増進させ、かつ健康を確保した上での話です。可能であれば体脂肪や筋肉量など体組成の変化にも気を配っていくべきでしょう。

④摂食障害

アスリートや指導者の多くは、「常に体重のことが気になってしまい、食べた後に後悔する」という経験をしているのではないでしょうか。このような状態をくり返すと、摂食障害を起こす可能性があります。

事例4　長距離D選手

高校時代
　特に体重に対する指導は受けていなかったが、細い体型の選手に憧れていた。当時、身長は154cm、体重は44kgほどで月経は定期的に来ていた。

実業団時代
　仕事で座っていることが多かったため、体重が47kgまで増加。その後、体重を戻すことができ、「やっとランナーらしい体型になったな」といわれたのが非常に嬉しかったことを覚えている。

　その後、肉離れを起こし、練習できない日が続いた。練習をしていなかったため、これまでと同じ食生活ではいけないと思うようになった。体重が増えないよう油や糖分を一切摂取しなくなり、きのこやキャベツ、こんにゃくなどばかり食べるようになった。

　体重が40kgに減少すると、それが自分の基準になり、0.5kgの増加も許せなくなっていった。35kgに減少すると、それがまた新しい基準になり、最終的に30kg台前半にまで減少した。力が入らず、練習に行ってもただ歩いている状態のこともあった。

　月経も止まり、その後5年間は無月経。最終的に心療内科に通い、先生から「あなたはどうしたいの？　走りたいならどうするべきかわかっているよね」といわれて我に返った。その後も通院をし、体重も40kgを超え、体調を崩してから1年半後の大きな大会で優勝。

現在
　選手には「しっかり食べて、しっかり走る」ことを大切にと指導している。食事の時間はリフレッシュの時間でもあるので、翌日のトレーニングを頑張る気力を取り戻すための時間にしてほしいと思っている。

> **解説＆アドバイス**
>
> 　摂食障害は10〜20代の女性アスリートに多くみられます。摂食障害の選手では骨密度が下がり、疲労骨折などのケガの発生も増えてきます。食事と練習量を調整し、早めに心療内科の医師に相談しましょう。

3. エネルギー不足を予防する アスリートの食事と栄養

Point

- 男性も女性も必要なエネルギーを食事から十分にとろう
- 体重と除脂肪量、体調の変化をキャッチし、エネルギー不足を予防
- 毎食ごとに「食事の基本形」を意識し、主食をしっかり、補食も活用

性別に関係なく、エネルギー不足は心身の健康を阻害する

　練習量が多く体重や体脂肪が少ない女性アスリートは「女性アスリートの三主徴 (female athlete triad：FAT)」に陥りやすいことが知られています[41]が、最近になって、男性でも女性と同じようにエネルギー不足の影響を受けることがIOCよりコンセンサス「相対的エネルギー不足 (relative energy deficiency in sports: RED-S)」[40,50]として発表されました。エネルギー不足は心身の健康を阻害し、パフォーマンスの低下とも関連しています。2019年に改訂された国際陸上競技連盟 (IAAF) のスポーツ栄養コンセンサス[4]の中でも注意喚起がなされています。また、エネルギー不足は女性長距離ランナーに起こりやすいと思われがちですが、性別や種目に関係なく影響が出ることもわかっています。

　男性は月経がないので状況をキャッチしにくいですが、テストステロンなどの性ホルモンの低下、骨密度の低下、エネルギー代謝の抑制、摂食障害などが起こることが知られています[40,51]。摂取エネルギーが消費エネルギーよりも少ない状況が続くと、男性でもエストラジオール (E_2) や黄体化ホルモン (LH) の分泌が低下し、テストステロンにも影響します。これらは骨密度を低下させ、骨折のリスクを上げることにつながります。また、食事のエネルギー量と各栄養素の含有量は関連するため、エネルギー不足の場合に、骨づくりの材料となるカルシウムやビタミンD、たんぱく質などもより不足しやすくなります。男性は女性よりもエネルギー不足の影響が出るのが遅いことが観察されていますが、影響の出方には個人差がありま

す。性別に関係なく、まずは食事からのエネルギー不足にならないように日頃から気をつけなくてはなりません。

体重と体脂肪率、体調を定期的に確認し、エネルギー不足を予防しよう

　自分でもエネルギー不足を確認できる方法として体重測定があります。エネルギー不足の状態が続くと体重が減少するからです。朝起きてトイレに行った直後の何も飲食しない状況で測定した体重が最も正確です（早朝空腹時体重）。トイレに体重計と記録用紙を置いておけば、測り忘れることも少なくなります。

　しかし、慢性的に低エネルギー状態が続くとエネルギー代謝が低下して、低エネルギー摂取でも体重が減少しないという現象が起こりやすくなります。したがって、体重だけでなく除脂肪量の変化もチェックしましょう。同じ時間帯に同じ機種を用いて体脂肪率を定期的に測定します。体脂肪率そのものの値よりも、除脂肪量（FFM：体重から体脂肪量を引いた値）が低下していないかを確認することが大切です。

あなたに必要なエネルギー量の求め方

　各選手に必要なエネルギー量[1]をどのように確認できるかは本書のP.20（「推定エネルギー必要量」計算式）でも説明しましたが改めて以下の手順を確認してみましょう。

STEP1：除脂肪量（FFM）を求める
STEP2：基礎代謝量を求める（アスリート用）
STEP3：種目別・時期別の身体活動レベルを選択する
STEP4：1日に必要なエネルギー量を算出する

計算例を次に示します。

> **計算例**　体重58kg 体脂肪率15%の長距離ランナー選手の場合
> 体脂肪量 ＝ 58(kg) × 15(%) ÷ 100 ＝ 8.7(kg)
> 除脂肪量 ＝ 58(kg) − 8.7(kg) ＝ 49.3(kg)
> 基礎代謝量 ＝ 27 × 49.3(kg) ＝ 1,331(kcal)
> 持久系スポーツの強化トレーニング中なら身体活動レベルは"3"を選択
> 1日の推定エネルギー必要量 ＝ 1,331 × 3 ＝ 3,993(kcal)

この値は、体重を維持する場合の推定必要量です。例えば、約4,000kcalの食事がどのくらいのボリュームなのか、どのような料理の組み合わせをすれば良いかは、アスリート向けのレシピブックなどを参考にしてください。減量をしたい場合には、推定必要量から1日当たり300～400kcalを減らしてみたり、増量したい場合には、逆に400～500kcalを増やして様子を見ていきます。しかし、これはあくまでも計算値であり、個人差がありますので、個別の食事法を確認したい場合には身近にいる公認スポーツ栄養士に相談してください。

できるところから一歩ずつ、摂取エネルギーを増やそう

　日本人陸上選手を対象としたエネルギーバランスの調査結果では、運動で使われるエネルギー量を補うだけの十分なエネルギー摂取ができていない場合がほとんどです。特に運動量が多い持久系の種目では、その傾向が顕著です。何も問題がないように感じられても、代謝が低下して減量が困難になったり、眼には見えないホルモンの変化などにより、何らかの体調不良や骨の健康を害しているのです。そこでまずは、現在の食事の状況をアセスメントすることが大切です（P.18 第1章「3. アスリートの栄養アセスメントとその活用方法」参照）。エネルギー摂取量が不足している場合は、具体的な改善計画を立て、毎日の小さい目標を達成できるように心掛けます。

1) 糖質が不足している場合

　糖質は運動時の主なエネルギー源であるため、不足しないように注意が必要です。練習内容にもよりますが、短距離や瞬発系の競技では体重1kgあたりで5～7g、持久系の競技では6～10g程度の量が目安とされています。普通サイズのごはん茶碗1杯（160g）には約60gの糖質が含まれているので、体重50kgの女子長距離ランナーであれば、1日あたり300～500g（50kg×6～10g）の糖質、つまり最低でも茶わん5杯分のごはんが必要になります。体重60kgの男子短距離選手であれば、1日あたり360～420g（60kg×5g～7g）の糖質が必要です。

　まずは、主食となるごはんをしっかり食べることが基本です。糖質はエネルギー源として燃やされるので、ごはんを食べて太るということはありませんから、安心してください。朝・昼・夕食の3回に分けて食べても、練習前後におにぎりなどの補食として食べてもかまいません。ごはんが進むようなおかずやふりかけなどを活用しましょう（ごはんの量のイメージはP. 147）エネルギーや必要な栄養素がバラン

ス良くとれる理想的な補食例をイラスト（下）に示します。また、菓子類やジュース類を食べすぎていないかをチェックしましょう。

2) たんぱく質が不足している場合

　肉や魚などのおかずを調理することは手間がかかります。そこで、納豆、卵、ハムやウインナー、大豆製品、ツナ缶や魚缶詰など、手軽にプラスできる食品を活用しましょう。また、牛乳・乳製品はきちんととれていますか？「食事の基本形」では毎食とるとしていますが、食事の際にとれなかった場合には食間や食後など、無理なくとれるタイミングで摂取し、1日あたりで必要量が不足しないようにすることが大切です。

3) 野菜類などの副菜が不足している場合

　体内でエネルギーを効率よく産生するには、ビタミンB群の摂取が欠かせません。ビタミン源となる野菜類のうち、特に緑黄色野菜はほとんどの選手が不足しがちです。野菜類は多めにとっても害はなく、むしろ便秘予防などの有益な効果が期待できます。みそ汁やスープに野菜をたくさん入れる、緑黄色野菜の多いお惣菜を選んで買うなど、工夫しだいで十分な摂取も可能です。

食事の質と量は、「数日から1週間単位」で見直そう

　学校行事やトレーニングの都合、合宿や試合時の移動などによって、いつものタイミングでいつも通りの食事がとれないこともあるでしょう。そこで、適切な量（エネルギー）と質（栄養素量）がとれたかどうかは数日から1週間のスパンで考える習慣を身につけてください。練習日誌とともに食事日誌もつけ、見直す材料にすると良いでしょう。

　選手はトレーニングを中心に考えがちです。指導者や保護者、マネージャーやトレーナーが選手の食生活を見守り、選手の変化や悩みに気づいて、具体的な改善策について一緒に考えるようにしましょう。

エネルギーや必要な栄養素がバランス良くとれる補食例

アスリートのエネルギー不足予防10か条

1 大事にしよう、練習メニューも食事メニューも

練習はとても大切ですが、練習だけでは強くなれません。良い食事と食生活により良い体調を維持でき、パフォーマンス向上につながります。

2 毎食に主食、おかずと乳製品

主食とはごはん・パン・麺類などのエネルギー源食品、おかずは肉・魚・大豆製品などの主菜と、野菜・海藻・きのこ等の副菜をさします。いろいろな食品を組み合わせてバランスよく栄養素を摂ることで、貧血予防や丈夫な骨づくりができます。

3 しっかり食べて、こころとからだを壊さない

欠食や小食ではエネルギー不足となり、心身の不調を引き起こすきっかけとなります。必要な食事の量は種目、体格、練習状況などによって個別に異なります。

4 サプリメント、食事のかわりになりません

食事の改善を最優先で行いましょう。ジュニアにはサプリメントは必要ありません。また、サプリメントを摂取しないと勝てない、強くなれない、というようなことは全くありません。食事のほかに、必要に応じて補食も加えましょう。

5 無理な減量、体調・記録に逆効果

無理な減量方法や減量ペースは逆効果です。体重は目安であり、定期的に身体組成（体脂肪量と除脂肪量）の変化をチェックし、しっかりとしたからだ（筋肉・骨・血液など）をつくりましょう。

6 気にしない、"ちょっと太った？"の一言を

周囲の何気ない一言を気にしないようにすることも大切。正しく自分のからだを知る必要があります。

7 エネルギー不足は月経異常や疲労骨折を引き起こす

数日のエネルギー制限でも性ホルモンを乱れさせ、月経異常が続くと疲労骨折を起こしやすくなります。練習で消費するエネルギーは食事と補食から過不足なく摂取できるよう心がけましょう。

8 女子だけじゃなく男子も注意、エネルギー摂取の重要性

性別に関係なく、エネルギーと栄養素の不足は心身に大きな影響を及ぼします。目に見えない体内の変化も起こるので、女子選手だけでなく、男子選手にとっても他人事ではありません。エネルギー不足の男子選手では疲労骨折の危険性が高まります。

9 食事の乱れ、まわりが気づいてサポートを

保護者や指導者など、選手の身近な人々が変化に気づき、栄養摂取について一緒に考えていきましょう。

10 ドクターや栄養士にいつでも相談、ささいなことでも

からだの変化や食べ物のこと、適切な食事の量と質についてなど、身近なドクターや栄養士に気軽に相談しましょう。

第6章 熱中症を予防する

熱中症のサインに気づいたら、すぐ適切な対応をとらないと命を失うことにもつながりかねません。熱中症を正しく理解して予防しましょう。

1. 熱中症が増えている

Point

● 平均気温の上昇とともに、熱中症は増加傾向

● 湿度が高い日と屋内スポーツにも要注意！

● 重症例は、野球、サッカー、陸上競技、剣道で多い

気温の上昇が熱中症増加の一因に

　地球の温暖化にともなって、日本の平均気温は年間を通して上昇し続けています（図32）[52]。気温の上昇とともに熱中症の発生数も増加し、特にここ数年は、夏の異常な暑さが原因の熱中症による救急搬送や死亡のニュースが後を絶ちません。

　消防庁の報告によると、これまでは4万～5万件で推移していた夏場（6～9月）の熱中症による救急搬送数が、記録的な猛暑となった2018年にはその倍を上回る9万2,710件に及びました（図33）[53-55]。

スポーツによる熱中症は若年層で多い

　高温多湿の日本の夏は、アスリートのパフォーマンスが低下しやすく、スポーツには向かない季節。とはいえ、日本では、夏にインターハイやインターカレッジが多く開催されるという事情もあり、夏のスポーツ中の熱中症予防は、アスリートにとっても指導する側にとっても、非常に重要です。

　日本救急医学会が2006～2012年に行った隔年調査"Heatstroke STUDY"によれば、発生状況がわかっている熱中症4,915件に限ると、スポーツ中に発生した熱中症は1,189件（全体の24.1％）を占めています。そして、スポーツによる熱中症は20～25歳の若い年齢層で多く発生しています（図34）[56]。

　発生率を種目別でみると、野球やサッカーなど競技人口の多いスポーツのほか、

図32 年々上昇し続ける日本の年平均気温

(気象庁ホームページ[52]より引用.2019年2月13日最終閲覧)

図33 熱中症による救急搬送者と死亡数および東京都の最高気温の推移
(2008～2018年6～9月)

(総務省消防庁[53]、厚生労働省[54]、東京都 気温と雨量の統計[55]をもとに作図.いずれも最終閲覧は、2019年2月13日)

入院が必要となる重症例は、陸上競技や剣道で多い傾向にあります（図35）[57]。日本スポーツ振興センターによる学校管理下での熱中症の発生動向調査によると、熱中症になる直前の行動はランニングやダッシュなどの走る運動で発生している例が多く、全体的な傾向としては、修練経験の少ない低学年、男性、肥満がリスクになると報告されています。

熱中症の盲点！湿度に注意

熱中症は炎天下での発生が多いものの、湿度が高い場合にもリスクが高くなります。気温が低くても湿度が高いと熱中症による死亡事故が起きていることからも（図36）[58]、バスケットボール、剣道、バドミントンなど、風通しの悪い屋内でのスポーツは、身体に熱がこもりやすく、十分な注意が必要です（図35）[57]。

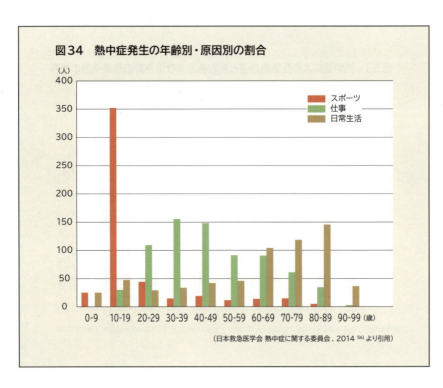

図34　熱中症発生の年齢別・原因別の割合

（日本救急医学会 熱中症に関する委員会．2014 [56] より引用）

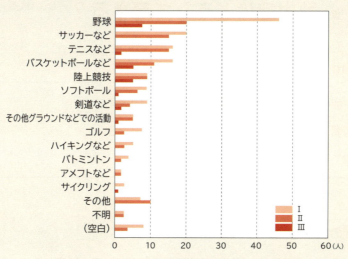

図35 スポーツの種目と重症度（Ⅰ：軽度＜Ⅱ：中等度＜Ⅲ：重度）

（日本救急医学会 熱中症に関する委員会．2012 [57]）をもとに作図）

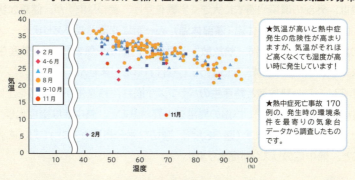

図36 学校管理下における熱中症死亡事例発生時の月別湿度と気温の分布

★気温が高いと熱中症発生の危険性が高まりますが、気温がそれほど高くなくても湿度が高い時に発生しています！

★熱中症死亡事故 170例の、発生時の環境条件を最寄りの気象台データから調査したものです。

（独立行政法人日本スポーツ振興センター学校安全部[58]より引用）

第6章 熱中症を予防する

2. 熱中症はどうして起きる？

☝Point

- 熱中症の正体は、熱の産生と放散のバランスの崩れ
- 長時間スポーツは、熱産生を高める
- 薬剤やサプリメント、ウェアや装具も原因に

熱中症の原因は、体温バランスの崩れ

　私たち人間の身体には、もともと体温を一定の範囲に保つ機能が備わっています。一般的に、体温が 36 〜 37℃で維持されていれば、健康な状態が保てるといわれています。

　体温は、外部の環境や着衣に大きく影響を受けて変わりますが、健康な状態に保つには身体の中心部の体温（深部体温）を一定にする必要があります。つまり、身体の内部の熱を外に出す "熱放散" と身体の内部から熱を発する "熱産生" のバランスを保ち、それを崩さないようにしなければなりません。

　熱中症は、この**熱放散**と**熱産生**のバランスが崩れ、熱産生が熱放散を上回ってしまった状態です（図37）。体温の異常な上昇が進むと、熱中症は重症化し、様々な症状が引き起こされます（図38）[59]。適切な水分摂取がなされずに脱水状態になると、熱中症のリスクが高まります。

スポーツで熱中症が起きるわけ

　スポーツをすると、筋肉の伸び縮みにより、普段の活動時より熱が多く産生され、**深部体温**が上がります。特に夏の日中のように、気温が高く日差しも強い環境下でのスポーツは、地面からの熱の影響も受けて熱放散がさまたげられ、深部体温はさらに上がります。

図37 熱中症発生のしくみ

バランスが保たれた状態　　　熱中症

熱放散＝熱産生　　　熱放散＜熱産生

体内の血流低下
↓
体内に熱がたまる
↓
体温上昇
↓
発症

図38 熱中症の重症度と症状

重症度Ⅰ（軽症）　熱失神・熱けいれん：医療機関を受診させ、重症度の判断を受ける

発汗とともに水分と電解質（ナトリウム・カリウム）などの喪失：脱水症状

＜症状＞
手足のしびれ、脱力
めまい（立ちくらみ）
失神・筋肉痛
こむら返り

重症度Ⅱ（中等症）　熱疲労：医療機関を受診させ、重症度*の判断を受ける

発汗のほかに、各臓器に症状が現れ始める

＜症状＞
頭痛
嘔気・嘔吐
集中力の低下

重症度Ⅲ（重症）　熱射病：医療機関を受診させ、重症度*の判断を受ける

深部体温が39℃以上に上昇、発汗停止。意識障害を認める

＜症状＞
意識障害
けいれん
肝・腎の機能障害
血液凝固障害

＊ 重症度ⅡおよびⅢは、医療機関での受診の上、重症度が決まります。

（環境省[59]をもとに作図）

スポーツによって深部体温が上がると、発汗による気化熱で熱放散が大きくなり、体温はあるレベルまで一時的に下がります（**発汗反応**）。
　ところが、長時間スポーツを続けて大量に発汗すると、その発汗反応は徐々に低下し、逆に体外に熱が出にくくなっていきます[60]。これに湿度の上昇、通気性の悪いウェア・防具（保護具）により体内に熱がこもる状態、日焼けなどが加わると、熱はさらに体外に出ていきにくくなり[61,62]、熱中症に至るのです。

熱中症対策は予防が第一

予防 その1 "環境温"を知る

　スポーツ中の熱中症予防には、まず「スポーツに適した環境を知る」[63]ことです。
　この環境は、"**環境温**"と呼ばれ、①気温、②湿度、③日射、④輻射熱（直射日光など直接伝わる熱のこと）という4つの気象条件を組み合わせた、スポーツに適した環境条件を知る目安となるものです。これは米国で開発された熱中症予防の環境評価法で、WBGT [Wet Bulb Globe Temperature：湿球黒球温度[64]（"暑さ指数"ともいわれている）] といわれます。
　実際にスポーツをする際には、日本スポーツ協会の熱中症予防指針（図39）[65]を参考にするのが良いでしょう。例えば、WBGT 28℃以上では熱中症発症リスクが高く厳重警戒が必要、WBGT 31℃以上では運動は原則中止とされています。しかし、気温10℃以下の涼しい環境下でのスポーツでも重度の熱中症が発生したという報告[66]もあり、いかなる環境下でも注意が必要です。
　WBGTは、現在、専用の測定器やスマートフォンのアプリ、環境省の熱中症予防情報サイトなどから簡単に知ることができます（P.111「WBGTの求め方」参照）。

予防 その2 身体を暑さに慣らす

　熱中症予防には、"暑さへの身体の慣れ"がとても大切です。身体が暑さに慣れていく過程で、スポーツ中の発汗反応や皮膚血管拡張反応の高まり、深部体温や心拍数の上昇抑制など、長時間継続に順応するための変化が起きています。こうした反応を、専門用語では"**暑熱馴化**"と呼びます[60,67]。
　マラソンなどの持久系競技では、暑さや日差しによる身体へのストレス（暑熱負荷）からパフォーマンスが低下しますが、トレーニングを続けていくと身体が徐々に順応し、長く続けられるようになります。

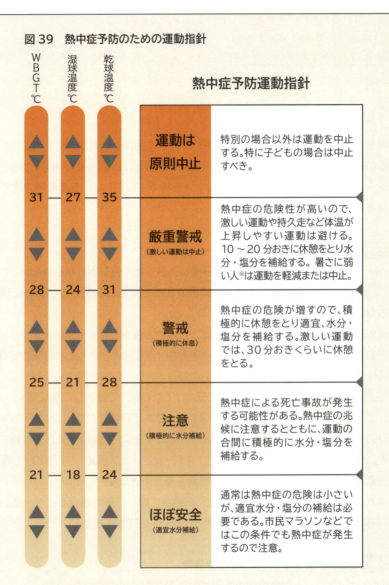

図 39 熱中症予防のための運動指針

1) 環境条件の評価にはWBGT（暑さ指数とも言われる）の使用が望ましい。
2) 乾球温度（気温）を用いる場合には、湿度に注意する。
　湿度が高ければ、1ランク厳しい環境条件の運動指針を適用する。
3) 熱中症の発症のリスクは個人差が大きく、運動強度も大きく関係する。
　運動指針は平均的な目安であり、スポーツ現場では個人差や競技特性に配慮する。
※暑さに弱い人：体力の低い人、肥満の人や暑さに慣れていない人など。

（日本スポーツ協会[65]より引用）

暑さに慣れるための"暑熱馴化"トレーニングの一例
■トレーニング期間：1～2週間
■方法：適度に水分を補給しながら、暑熱環境下で行う
■内容：ジョギングなどの持久系トレーニング × 30～90分程度／1回をくり返す

　暑熱馴化トレーニングの期間は一般的に1～2週間とされています。注意が必要なのは、暑熱環境への身体の順応（期間や程度）には個人差があるということ。トレーニングは運動初心者や体力のない人を基準にして始め、指導者側は注意深く見守るようにします。

予防 その3　脱水を防ぐ
　トレーニングやスポーツ時には、発汗量に見合った十分な水分がとれないことも多く、脱水が起こりやすくなります。体重の3～5％以上の脱水は、身体に熱がこもる"うつ熱"の原因となります[61,68]。

　運動中の発汗量は、種目、運動強度、気温や湿度などにより違いますが、ノドがかわいた感じがしなくても、運動前・運動中・運動後とこまめに水分補給するようにします（図40）[61]。

　筋肉痛やこむら返りの予防には、水分だけでなく発汗で喪失した電解質（カリウム、ナトリウムなど）を補うことも大切です。日本で市販されているスポーツドリンクの多くは糖度が5％程度で、500mLあたり25g前後の糖質が含まれています。理論的には、運動1時間あたり、スポーツドリンク500～1,000mL程度を摂取すると、適切な水分・電解質・糖質を補充できます。

　また、運動中に十分な量の水分をとった場合には、少量の場合と比べ、運動中の深部体温の上昇や心拍数の上昇が明らかに抑えられます（図41）[69]。

予防 その4　薬やサプリメントに要注意
　薬剤やサプリメントが熱中症の原因となることがあります[61, 70]。

熱中症の原因となる可能性のある薬の種類
・精神刺激薬　　・抗コリン薬　　・ベンゾジアゼピン系薬
・β遮断薬　　　・カルシウム拮抗薬　・利尿薬

図40　運動時の水分摂取のタイミングと目安量

運動前
運動開始の数時間前に体重1kgあたり5〜10 mLを摂取　　200mL

体重	摂取量の目安	体重	摂取量の目安
35kg	175〜350mL	60kg	300〜600mL
40kg	200〜400mL	65kg	325〜650mL
45kg	225〜450mL	70kg	350〜700mL
50kg	250〜500mL	75kg	375〜750mL
55kg	275〜550mL	80kg	400〜800mL

運動中
スポーツ中の30分〜1時間おきに400〜800 mLを摂取
（運動による水分喪失が体重の2％未満となるよう、こまめに補給）
長時間の持久系スポーツの場合は電解質（塩分）と糖質の補充も必要なため、水よりスポーツドリンクが望ましい。
しかし、多量の水分摂取での体重増加は避けること。

運動後
運動後も発汗や排尿により水分喪失は続き、遅発性の熱中症発生の可能性があるため、運動による水分喪失量の125〜150％程度を補うことを目安に、運動後も水分摂取を継続。

(米国スポーツ医学会. 2007 [61])をもとに作図)

図41　運動中の水分補給量の違いによる食道温と心拍数の変化

暑熱環境に身体が順応した被験者に、31℃の高温環境で50分間のエルゴメーター運動をさせた時の結果　　※ここでは、深部体温に代わるものとして食道温で検討。

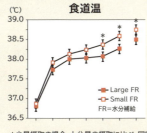
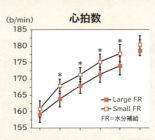

＊少量摂取の場合、十分量の摂取に比べ、同時点での食道温および心拍数が有意に高かった。$P<0.05$。
■：十分量（1330 mL ± 60 mL）の水分摂取をした場合（発汗量の79％に相当）
□：少量（200 mL ± 10 mL）の水分摂取のみの場合（発汗量の13％に相当）

(Below PR, et al. 1995 [69] より引用)

最近は、パフォーマンス向上の目的で、エナジードリンクなどでカフェインを摂取するアスリートも増えていますが、カフェインには利尿、交感神経刺激、代謝亢進などの作用があるため、過剰に摂取すると熱中症リスクが高まり、注意が必要です[71]。

予防 その5　ウェアや装具（保護具）の工夫

　通気性や吸湿性の悪いウェアを着てスポーツすることも熱中症予防の上ではマイナスとなります。

熱中症予防に効果的なウェア選びのポイント
・通気性、吸湿性が良く、軽い
・熱を集める黒い色は避ける
・厚着をしない
・帽子やUVカット加工済みサングラスで直射日光の影響を少なく

　また、剣道やフェンシングなど装具（保護具）が必要なスポーツの場合、装具をつけ続けることで身体に熱がこもって熱放散がさまたげられ[61]、熱中症リスクを高めてしまいます。

装具（保護具）が必要なスポーツの熱中症予防のポイント
・身体が暑さに慣れるまでは、なるべく軽装で
・休憩中には装具や保護具をゆるめ、身体から熱を出しやすくする

予防 その6　無理をしない・させない

　風邪や胃腸炎など、体調がすぐれない時は発熱や脱水をきたしやすく、熱中症リスクが高まります。体調不良時や病気が治った直後は無理をせず、休息をとることを優先し、コンディションを整えます。

予防 その7　体質の把握（はあく）

　肥満や中高年（40歳以上）、家族や親戚に重度の熱中症になった人がいるなどの遺伝的素因も熱中症リスクを高めます[61,62]。心当たりはないか、一度振り返ってみましょう。

Column
WBGT の求め方

環境温を知るための"WBGT（暑さ指数）"の求め方には、次の方法があります。

市販の"暑さ指数計（WBGT 計）"を活用
携帯型、壁掛け型など、現在は様々なタイプが販売されており、通信販売サイトなどで比較的手ごろな価格で購入できます。

スマートフォンのアプリを活用
"熱中症警戒"関連のアプリをダウンロードすればOK。登録した市区町村や現在地の"暑さ指数"、気温、湿度などがわかるもの、熱中症の危険度を段階別に表示したものなど、機能も様々です。

環境省「熱中症予防情報サイト」を活用
このサイトでは、毎年一定期間、気象庁の数値予報データをもとに、全国840地点の「当日」「翌日」「翌々日」の3時間ごとの"暑さ指数"予測値を提供しています（http://www.wbgt.env.go.jp/wbgt_data.php）。

3. 熱中症かな、と感じたら

👉 Point

- 熱中症は早期の判断・対応が命！
- 「いつもと違う」が危険のサイン。運動をやめ、涼しい場所へ
- 「呼びかけへの反応がない・にぶい」時には、すぐに119番！

「おかしい」と感じたら、すばやく対応

　スポーツの現場では、「どのような場合にも熱中症は起こりうる」ことを、アスリートも指導する側も常に頭に入れておく必要があります。

　長時間に及ぶ練習や試合でアスリートが体調不良を訴えた場合には、まず熱中症を疑います。熱中症の症状は様々で、必ずしも決まった症状が現れるとは限りません。また、症状は刻々と変化し、短時間で急激に悪化することもあります。とにかく早い段階での対応が非常に重要です。

重症化予防のポイントは冷却

　熱中症を疑ったら、体温をすばやく下げることが第一。

　運動中に「足がつった」、急にパフォーマンスが落ちたなどの症状が出たら、涼しい場所へ移動して衣服を脱がせ、身体から熱を出やすくしたり、冷やしたりして体温を下げます。特にプロテクターなどの装具やベルト、下着などはゆるめて風通しを良くします。衣服を脱がせるのが難しい場合には、衣服の上から冷水をかけ、腕や足など皮膚が露出している部分にぬらしたタオルをあて、うちわなどであおいで冷却します。

　意識がしっかりしていて自力で飲むことが可能なら、冷たい水を飲ませることも効果的です。水分に加えて塩分も補い、できるだけ多くの水分をとらせましょう。嘔吐や受け答えができない場合には、無理に口に水分は与えません。

意識がない場合には、ためらわずに119番で救急搬送を頼みます。搬送する際には、必ず付添いをつけ、「暑い環境での運動中に突然倒れた」など医療者側に状況を伝えられるようにします（図42）。

熱中症かどうかの判断に迷う場合には、図43のフローチャート[59]にそって、状態をたしかめ、適切に対応します。

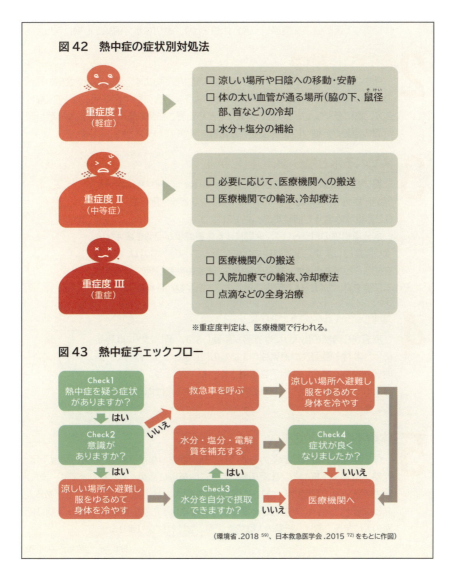

スポーツ活動中の熱中症予防5ヶ条

1 暑いとき、無理な運動は事故のもと

　気温が高いときほど、また同じ気温でも湿度が高いときほど、熱中症の危険性は高くなります。また、運動強度が高いほど熱の産生が多くなり、やはり熱中症の危険性も高くなります。暑いときに無理な運動をしても効果はあがりません。環境条件に応じて運動強度を調節し、適宜休憩をとり、適切な水分補給を心掛けましょう。

2 急な暑さに要注意

　熱中症事故は、急に暑くなったときに多く発生しています。夏の初めや合宿の初日、あるいは夏以外でも急に気温が高くなったような場合に熱中症が起こりやすくなります。急に暑くなったら、軽い運動にとどめ、暑さに慣れるまでの数日間は軽い短時間の運動から徐々に運動強度や運動量を増やしていくようにしましょう。

3 失われる水と塩分を取り戻そう

　暑いときには、こまめに水分を補給しましょう。汗からは水分と同時に塩分も失われます。スポーツドリンクなどを利用して、0.1～0.2％程度の塩分も補給するとよいでしょう。
　水分補給量の目安として、運動による体重減少が2％を超えないように補給します。運動前後に体重を測ることで、失われた水分量を知ることができます。運動の前後に、また毎朝起床時に体重を測る習慣を身につけ、体調管理に役立てることが勧められます。

4 薄着スタイルでさわやかに

　皮膚からの熱の出入りには衣服が影響します。暑いときには軽装にし、素材も吸湿性や通気性のよいものにしましょう。屋外で、直射日光がある場合には帽子を着用するとよいでしょう。防具をつけるスポーツでは、休憩中に衣服をゆるめ、できるだけ熱を逃がしましょう。

5 体調不良は事故のもと

　体調が悪いと体温調節能力も低下し、熱中症につながります。疲労、睡眠不足、発熱、風邪、下痢など、体調の悪いときには無理に運動をしないことです。また、体力の低い人、肥満の人、暑さに慣れていない人、熱中症を起こしたことがある人などは暑さに弱いので注意が必要です。学校で起きた熱中症死亡事故の7割は肥満の人に起きており、肥満の人は特に注意しなければなりません。

（日本スポーツ協会[73]より引用）

第7章 サプリメント摂取の考え方

今、アスリートには
メリット・デメリットを知った上で
サプリメントを使うことが求められています。
コンビニで、薬局で、通販で…、
不足した栄養素を補えるサプリメントは、
今やいつでも手軽に手に入ります。
でも、飲む前にちょっと待って。
そのサプリメントの安全性や有効性は確かめましたか。
食べたいものだけを食べて
サプリメントで補充するような食生活になっていませんか。

1. アスリートとサプリメント摂取

👉Point

- 「栄養素とエネルギーは食事から」が第一
- 食事の代わりに、サプリメントを使用するのは NG
- アスリートは、サプリメント摂取のリスクも知っておくべき

アスリートのサプリメント使用は、ますます増加

　世界的な傾向として、アスリートのサプリメント使用率は増加し続けています。国際的にはアスリート全体の6割程度と報告されていますが、実際には、競技種目やレベル、地域によっても違います[74-77]。

　例えば、国際陸上競技連盟（IAAF）が世界選手権出場選手を対象に実施した調査では、国際レベルのトップアスリートのサプリメント使用率は66%で、陸上競技は他の競技にくらべ使用率が高いと報告されています[75]。

　また、日本陸連のアンケート調査[78]でも、陸上競技の国際大会代表選手の65%がサプリメントを使用していました。男女別では、女子選手の方が男子選手にくらべ使用率が高く（70% vs. 61%）、年齢層でみると、シニア選手は20歳未満のジュニア選手よりも使用率が高い（69% vs. 59%）という結果でした。使用されたサプリメントの種類は、アミノ酸とビタミンが最も多く、ほぼ半数の選手が使用していました（図44左）。

　種目別では、長距離選手の使用率が最も多く（77.9% 図44右）、特にアミノ酸、ビタミン、ミネラルの使用が多くみられました。一方で、クレアチンやプロテインなどの筋力系サプリメントの使用率は瞬発系種目で多く、競技特性により使うサプリメントが大きく違うことを裏付けた結果となりました。

アスリートに求められるサプリメント利用の知識

サプリメントという言葉は、英語の"supplement（補う）"に由来し、もともとは栄養素を補う目的で摂取される製品の総称として使われてきました。

しかし最近では、栄養補充だけでなく、パフォーマンス向上効果をうたった商品も増え、スポーツ界でもサプリメントがごく普通に使われるようになっています。

その反面、サプリメントによる健康被害や、アンチ・ドーピング活動の国際機関である世界アンチ・ドーピング機構（World Anti-Doping Agency：WADA）が定める禁止物質の混入（コンタミネーション）によるドーピング検査の陽性事例なども問題になっており、サプリメントについての知識を深めることがアスリートにますます求められるようになっています。

こうした状況を踏まえ、国際オリンピック委員会（IOC）は、2018年にサプリメントに関するコンセンサス声明[79]を発表しました。その中で、IOCはサプリメントを「健康効果もしくはパフォーマンス向上効果を得る目的で、通常の食事に加えて摂取する食物、食物成分、栄養素もしくは非食物成分」と定義し、これまでと全く異なる概念を提唱しました。

日本でのサプリメントの分類

サプリメントの分類やアスリートへの対応は各国で様々ですが、日本では、国立スポーツ科学センター（JISS）がスポーツ現場に適したサプリメント分類[80]を

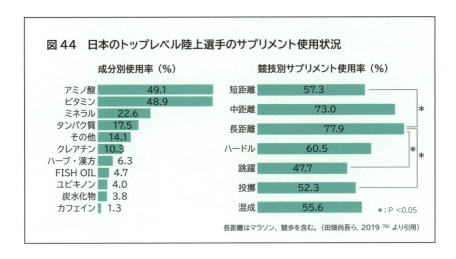

図44　日本のトップレベル陸上選手のサプリメント使用状況

長距離はマラソン、競歩を含む。（田畑尚吾ら. 2019 [78] より引用）

作成しています(表12)。

　JISSの分類では、サプリメントは次の2つに大きく分けられます。

①ダイエタリーサプリメント / スポーツフード:炭水化物やプロテイン、ビタミン、ミネラルなど、食事から十分量が摂取できない場合に栄養素を補うためのもの。

②エルゴジェニックエイド:運動のパフォーマンスを向上させる可能性があるとされる栄養素や成分。2018年のIOCコンセンサス声明におけるサプリメントの定義により近い考え方。

サプリメントでスポーツパフォーマンスは向上するのか

　JISSの分類にしたがいサプリメントとパフォーマンスの関係をみてみましょう。

①ダイエタリーサプリメント / スポーツフード

　ダイエタリーサプリメントは食事で摂取できる栄養素で、通常の食事で十分にとれていれば、基本的には摂取する必要はありません。

表12　国立スポーツ科学センターのサプリメント分類

分類	物質名	例（商品名）
ダイエタリーサプリメント (Dietary Supplements) スポーツフード (Sports Foods)	たんぱく質	プロテイン 等
	炭水化物	エネルギーゼリー、スポーツバー、スポーツジェル 等
	ビタミン	マルチビタミン、ビタミンC 等
	ミネラル	マルチミネラル、カルシウム、鉄 等
	炭水化物、ミネラル	スポーツドリンク 等
エルゴジェニックエイド (Ergogenic Aids)	アミノ酸	BCAA、カルニチン 等
	クレアチン	クレアチンパウダー 等
	カフェイン	
	ユビキノン	コエンザイムQ10 等
	重炭酸ナトリウム	
	ハーブ	ウコン、エゾウコギ 等

(国立スポーツ科学センター[80] より引用)

栄養素の不足がない状態で、ビタミンやミネラルを追加的に補充することがスポーツパフォーマンスを向上させたというエビデンス（科学的根拠）はありません[24,81,82]。逆に、一部のビタミンやミネラルの過剰摂取は健康被害をきたす可能性があるため、注意が必要です[83-86]。

　ただし、体重管理が必要な種目（フィギュアスケートや新体操などの審美系スポーツ、階級制や持久系スポーツなど）で食事制限をしなければならない特別な状況下だと、ビタミンやミネラルが欠乏し、健康状態やパフォーマンスに悪影響を及ぼす危険性があるため、サプリメントによる補充が検討されます[24,87]。アスリートが知っておきたいのが、安易に摂取しがちな鉄サプリメントについてです。

鉄サプリメント：ミネラルの中でも、特に"鉄"は、酸素運搬やエネルギー産生において不可欠。月経のある女性アスリートや、鉄消費の大きい持久系アスリートでは、食事から十分な量の鉄を摂取する必要があります[88]。

　鉄サプリメントは、定期的に血液検査を受け、ヘモグロビンや血清フェリチン値を確認し、鉄欠乏や貧血の場合にのみ使用を検討すべきです。人体には鉄を排泄するメカニズムが備わっていないため、安易な鉄投与の長期継続や注射が鉄過剰を引き起こす恐れがあります[89]。鉄過剰状態では、毒性の強い活性酸素が生成され、細胞・組織・臓器傷害が引き起こされ[86]、パフォーマンスや体調を悪化させることもあるため、注意が必要です（P.48 第3章「2. 鉄は、足りなくても、多すぎても良くない」参照）。

②エルゴジェニックエイド

　エルゴジェニックエイドは、その効果や安全性が確立されている場合にのみ使うべきサプリメントです。決して食事の代わりになるものではありません。エルゴジェニックエイドのうち、多くのアスリートが摂取しているクレアチンとカフェインについても注意が必要です。

クレアチン：運動時の筋収縮にはATP（アデノシン三リン酸）の合成が必要です。クレアチンは、高強度で瞬発力を必要とするスポーツに必要なATP供給に関わっています（ATP-クレアチンリン酸系：ATP-PCr系）。クレアチンはアミノ酸の一種で体内でも合成されていますが、サプリメントとして経口摂取することにより、高強度の瞬発系スポーツのパフォーマンスや筋力・筋パワーの向上効果がある[90-92]とされています。しかし、身体に水分が溜まってむくんだり、体重が増加したりするため[93,94]、クレアチンの摂取量が多いと、持久系種目のパフォーマンスに悪影響を及ぼす危険性があり、注意が必要です。

カフェイン： カフェインは、コーヒーや緑茶など、日常でよく摂取する飲みものにも含まれているほか、最近ではカフェイン含有のエナジードリンクも販売され、最も身近なエルゴジェニックエイドです。カフェインは、中枢神経と末梢組織の両方に作用し、持久系だけでなく、瞬発系やインターバル運動のパフォーマンスをも向上させるとの見方がなされています[95-98]。

一方で、カフェインには吐き気や不眠、不穏（落ち着きがなくなる）などの副作用があります[79]。また利尿作用もあるため、アスリートが使用する際には、3～6mg/kg体重/日程度の摂取にとどめ[99]、高用量摂取は避けましょう。

サプリメントとドーピング

近年、スポーツ界ではサプリメント摂取によるアンチ・ドーピング規則違反（anti-doping rule violations：ADRV）が大きな問題となっています。

現在、サプリメントには含有成分をすべて表示する義務がないため、ラベルに記載されていない禁止物質を含んでいる可能性や製造過程で禁止物質が混入する場合もあります。一例ですが、IOCによるサプリメントに関する調査では、対象の634製品のうち94製品（14.8％）にラベルに記載のない禁止物質（蛋白同化ホルモン*）が含まれていたと報告されています[100]。

アスリートの中には本人の意思ではなく親や指導者などからの勧めや、スポンサー契約上の理由などからサプリメントを使用しているケースも多いため、アスリート自身で成分や安全性を確認していない場合があるかもしれません。やむを得ず使用する場合には、意図しないドーピング違反を避けるためにも、認証機関から承認された製品を選択するのが良いでしょう。ただし、その場合も安全性が100％確保されるわけではないので、アスリートにとってサプリメント摂取は何があっても最終的には自己責任となることを忘れないようにしましょう。

*筋肉増強剤として知られている

スポーツ栄養の基本は食事

現在のスポーツ界では、栄養素の補充だけでなく、エルゴジェニック効果（運動能力を高める効果）を得る目的でのサプリメント使用もよくみられます。

しかし、十分な食事でエネルギーと栄養素を摂取することが大前提。その上で使う場合には、含まれている成分の有効性や安全性、摂取に伴う副作用などのリスクをアスリート自身がしっかり把握しておくことが欠かせません。

2. サプリメントとの適切な向き合い方

Point

- 使う前に、必要性とメリット・デメリットを見きわめる
- サプリメントの摂取は、自己責任
- 指導者は、サプリメントを客観的に判断してアスリートに指導すべき

正しく使えば、サプリメントはアスリートの強い味方

　サプリメントは本来、一人一人のアスリートの栄養要求量（理想）がどのくらいで、それに対して現状の摂取量（現実）がどのくらいであるかを把握し、その差（理想と現実のギャップ）を埋めるための手段の一つとして提案されるべきものです。もちろん、食事の改善が最優先されます。

　サプリメントも適切に使用すれば、陸上競技、柔道、バレーボール、サッカーなど、あらゆるスポーツにおいて、アスリートの体調管理やパフォーマンスの向上のための有効な方策となります。

保護者も正しい知識をもつことが必要

　多くのアスリートは、スポーツをしない人と同じように、「おいしいもの、好きなものを食べたい」「嫌いなものは食べたくない」と考えており[101]、必要な栄養素を食事からとるという視点が抜けてしまいがちです。そして、試合の直前に成績向上を目的に効きそうなものを摂取することを考え、安易にサプリメントに飛びついてしまう傾向にあるようです。

　綿密に栄養管理された食事が提供されるチームに属していれば、栄養不足になる可能性は低いでしょう。しかし、アスリートの多くは十分な栄養指導を受けているとはいえないため、慢性的な栄養不足に陥る可能性が高く、ケガや貧血などの

リスクを抱えながら練習しているのも事実です[101,102]。

　特にジュニア期のアスリートの食生活を支えているのはたいてい保護者です。保護者の中には、サプリメントで成績向上を目指す方をしばしば見受けます。しかし、ジュニア期のアスリートが食事をおろそかにしてサプリメントでパフォーマンスの向上を目指すのは本末転倒ですし、サプリメントによっては一定の年齢以上でないと摂取できないものもあります。サプリメント摂取について、保護者も客観的で正しい知識をもつことが必要なのです。

　国際サッカー連盟医学委員会（F-MARC）は、栄養目標を達成できないアスリートの特徴をまとめています（表13）。これを参考に自身の状態を振り返り、アスリートの栄養の基本は毎日の食事にあること、サプリメントをどのように取り入れるべきかについて、改めて考えてほしいものです。

指導者は、独断や思い込みで指導しない

　スポーツ指導者には、競技種目のコーチ、医師やトレーナー、公認スポーツ栄養士（または管理栄養士）などがいます。アスリートの競技生活を支える存在として指導者は、その指導内容が自身の経験からくる個人的な思い込みに基づいた

表13　自身の栄養目標を達成できないアスリートの特徴

・食品と飲料の知識が不足しており、料理が下手である

・買い物や外食時に食品を選ぶのが下手である

・スポーツ栄養学の知識に乏しいか、知識が古い

・資金不足

・忙しいために食品の準備や摂取ができない

・良質の食品と飲料を入手しにくい

・頻ぱんに遠征する

・補助食品やスポーツ食品を過度にとる

（F-MARC[103]より引用）

ものではなく、科学的に正しいかどうか考える必要があります。

　この姿勢はサプリメント摂取についても同じで、「サプリメントはドーピングの危険があるし、一切とってはいけない」とやみくもに否定するのではなく、同じ成分の他の加工食品を摂取することとどのように違うのかも合わせて判断する、冷静で客観的な視点が求められます。

サプリメント摂取はメリット・デメリットのバランスをとる

　サプリメントについて、アスリートはメリット（ベネフィット）だけに注目し、デメリット（コストおよびドーピング）のリスクを考えずに使うようではいけません。サプリメント摂取のメリット・デメリットを、ベネフィットとリスクとして5つの観点から挙げると 表14 のようにまとめられます。

　サプリメントについては、アスリートは確かな情報に基づいて自己責任で使う、また指導者はアスリートに対して科学的根拠に基づいた指導を行うことを心掛けたいものです。

表14　サプリメントをとるメリット（ベネフィット）とデメリット（リスク）

メリット（ベネフィット）		VS.		デメリット（リスク）
すぐに収入にはつながらない	◀	経済的側面	▶	出費がある
さっととれて便利	◀	時間的側面	▶	用意しておけばかからない
①ねらった栄養素のみとれる ②アレルギーや偏食に有効	◀	肉体的側面	▶	①食事をおろそかにする可能性 ②過剰摂取につながる
集中力を高める可能性がある	◀	頭脳的側面	▶	内容を吟味する必要あり
自信・安心につながる	◀	精神的側面	▶	①依存する気持ちが芽生える ②ドーピンクのリスクがある

サプリメント摂取の基本8ヶ条
～摂るときは、必要な分だけ上手に安全に～

1 サプリを摂る前にまずは"食事の改善"を

「食事をバランスよく食べていなくても、サプリメントを摂取しておけば、その穴埋めができる」という誤った考えをしていませんか？ サプリメントとは、補給・補足を意味する英語（supplement）から派生した言葉です。あくまでも、日常の食事で摂りきれなかった栄養素を「補う」ことが目的で、食事の代わりにはなりません。サプリメントを利用する前に食事内容を見直してみましょう。食事日誌をつける、スマートフォンで写真撮影しておくなど、簡単な方法で確認できます。必要に応じておにぎりやパンなどの補食を加えるなどして、まずは食事の改善を最優先で行ってください。

2 確かめよう！ サプリを摂る"目的と使い方"

どのサプリメントを、どのような目的で摂取するのか、本当に効果があるのか、どれくらいの量を摂るのが良いのか、使い方を必ず確認するようにしましょう。サプリメントはたくさん摂ったからといって効果が得られるものではありません。むしろ過剰摂取によって健康被害がある栄養成分もあります。摂取する量は、食事から摂取する量も合わせて「日本人の食事摂取基準」で示されている耐容上限量を超えないように注意してください。例えば、鉄は不足しやすい栄養である一方で耐容上限量があります。そのため貧血予防の観点からも、食事から十分量の鉄を摂取するよう努めたうえで、サプリメントで補充する場合は1日10mg程度を目安にすると良いでしょう。

3 サプリの摂りすぎはむしろ"健康へのリスク"あり

サプリメントはたくさん摂ればその分効果が出るというものではありません。鉄、プロテインやビタミンをはじめとしたサプリメントの過剰摂取により体調不良が起こる可能性もあります。身体の状態にあった適正で必要な量を摂ることを心がけましょう。

4 「これ効くよ」と言われたサプリに要注意

指導者や家族、友人などから勧められたという理由で、サプリメントを摂取しているアスリートがしばしばみられます。他人から勧められたサプリメントで健康を害した、ドーピング禁止物質が入っていた、という事もあります。自分に必要なものか、安全かどうかを必ず確認しましょう。

5 "絶対に安全" そんなサプリはありません

たとえ日本製であっても、原材料が海外製のものがあります。製造の管理が不十分な場合、ドーピング禁止物質が誤って混入してしまう恐れもあります。そのためどんなサプリメントでも絶対に安全だという保障はありません。リスクがあることを忘れずに利用しましょう。

6 気をつけよう！"海外サプリ"の安易な利用

海外製のサプリメントは日本製のものよりドーピング禁止物質が入っている可能性が高いので注意が必要です。また、海外のサプリメントでは製品ラベルに表示のない物質が混入していたという事例も多数発生していますし、安全といえる科学的根拠がない物質や日本では食品加工に使用が認められていない物質を含んだものもあります。アンチ・ドーピングのためだけではなく、自分の健康を守るためにも安易に海外製品を摂取しないようにしましょう。

7 サプリによるドーピングは "自己責任"

サプリメントへのドーピング禁止物質の混入による、アンチ・ドーピング規則違反の事例が多く報告されています。アスリートは自分の口に入れるもの全てに責任を持たなくてはなりません。他人から勧められたからといって安易に摂取せず、専門家に相談しましょう。また、万が一、違反が疑われる分析結果が出た場合、手元に残っているサプリメントの成分分析や容器の表示成分などは証拠となりうるので、サプリメントは最後まで使い切らずに、容器ごとそのまま長く保管しておきましょう。

8 サプリを摂る前に医師・栄養士・薬剤師へ "相談" を

サプリメントを摂取する前にサプリメントの必要性や安全性（健康面、アンチ・ドーピングなど）について必ずスポーツドクター、スポーツ栄養士、スポーツファーマシスト（薬剤師）などの専門家に確認しましょう。

この本の料理レシピの見方

料理の材料、エネルギーは1人分です。
ただし、まとめて作った方がつくりやすい料理については、「つくりやすい分量」を示しました。

[分量表記]
カップ1 = 200mL
大さじ1 = 15mL
小さじ1 = 5mL
少　々 = 親指と人差し指でつまんだ時の1つまみ分

付録 / 今日から実践! \ 目的別アスリート飯(めし)

ここでは、貧血予防、疲労骨折予防、減量について、男性・女性アスリートそれぞれのモデルケースを想定し、献立を紹介します。エネルギーや栄養素の摂取量は、あくまでも目安量。モデルケース以外のアスリートも参考にして活用してみてください。

貧血予防 の献立例

女性アスリート［短距離選手の場合］
この献立の1日のエネルギー量の目安 ｜ 2,450 kcal

WOMAN · BREAKFAST ·
朝食

ごはん（180g）
切り干し大根のみそ汁
厚焼き卵
高野豆腐の含め煮
にらのおひたし
牛乳 200mL
オレンジ

総エネルギー
806 kcal

鉄 **6.5** mg

高野豆腐の含め煮 119 kcal ｜ 鉄 2.3 mg

材料

高野豆腐 … 1個（15g）
にんじん（乱切り）… 20g
小松菜 … 1/4束（40g）
A ｜ だし … カップ1/2（100mL）
　｜ 砂糖 … 小さじ2
　｜ しょうゆ・塩 … 各少々

つくり方

1. 小松菜はさっとゆでて水気をきる。
2. 鍋にAを入れて温め、にんじん、高野豆腐をもどさずに入れ、弱火で約10分煮る。
3. 器に2を汁ごと盛り、1を添える。

「切り干し大根のみそ汁」「厚焼き卵」「にらのおひたし」の分量は、P.152にあります

鉄を多く含む食品を毎食とり、吸収を高めるビタミンCも一緒にとるのがポイント。

| 1日の栄養摂取量 | たんぱく質 100.0g / 脂質 67.1g / 炭水化物 353.5g / 食物繊維総量 22.6g / カルシウム 1,122mg / 鉄 19.1mg / ビタミンA 11,031μgRAE / ビタミンD 5.8μg / ビタミンB₁ 1.3mg / ビタミンB₂ 3.29mg / ビタミンC 242mg ◆献立の栄養価表示は炭水化物(糖質＋食物繊維総量)です。 |

昼食

ねばねば丼
とろろ昆布とねぎの
　すまし汁
牛乳 200mL
キウイフルーツ

総エネルギー
758 kcal

鉄 **3.5 mg**

ねばねば丼　560 kcal　鉄 3.0 mg

材料

ごはん … 200g
オクラ … 2本
　めんつゆ … 小さじ1
長いも … 3cm(20g)
温泉卵 … 1個
しょうゆ … 小さじ1強
練りわさび … 適量

★
刺身用まぐろ
　(1cm角に切る)
　… 30g
納豆
　… 小1パック(30g)
めかぶわかめ
　… 1パック(20g)
しば漬け … 5g

つくり方

1 オクラはさっとゆでて輪切りにし、分量のめんつゆとあえる。長いもはすりおろす。

2 丼にごはんを盛り、★と1、温泉卵を盛りつける。しょうゆをかけ、好みでわさびを添える。

「とろろ昆布とねぎのすまし汁」の分量は、P.152にあります

貧血予防 の献立例

夕の食 WOMAN · DINNER

ごはん（180g）
きのこの卵とじスープ
牛肉じゃが
レバーケチャップ
わかめと
きゅうりの酢のもの
りんご

総エネルギー **867** kcal
鉄 **9.1** mg

レバーケチャップ　197 kcal　鉄 6.9 mg

材料

鶏レバー … 70g
かたくり粉 … 少々
揚げ油 … 適量
（カップ1/2程度）
A ｜ トマトケチャップ … 大さじ1
　｜ ウスターソース … 小さじ1強
サラダ菜 … 1枚
ミニトマト … 2個

つくり方

1. レバーは食べやすい大きさに切り、すじや血のかたまりを取って流水でよく洗い、水気を十分にふきとる。
2. 1にかたくり粉をまぶす。揚げ油で中に火が通るまで揚げ、油をよくきる。
3. Aを合わせ、2にからめる。
4. 皿にサラダ菜を敷いて3をのせ、トマトを添える。

◆レバーは水分が残っていると油がはねやすいので気をつけてください。
◆レバーの食べすぎはビタミンAの過剰摂取につながるので、1週間に1〜2回程度にしましょう。

「きのこの卵とじスープ」「牛肉じゃが」「わかめときゅうりの酢のもの」の分量は、P.152にあります

アスリートの栄養まめ知識 1

毎日とりたいビタミンC

ビタミンは、身体の調子を整えるために欠かせない栄養素。
特に水溶性ビタミンであるビタミンB群やビタミンCは、
身体に貯めておくことができないため、毎日摂取することが必要です。
中でも、毎日のトレーニングや試合で身体を酷使するアスリートにとって、
不足しやすい栄養素の一つがビタミンCです。

Q ビタミンCの役割は？

A ビタミンCは、腱や靭帯といった結合組織を構成するコラーゲンの合成に欠かせません。

Q ビタミンCを果物からとるメリットは？

A オレンジやグレープフルーツ、キウイなどの酸味のある果物には、ビタミンCだけでなく、クエン酸も一緒にとることができます。ビタミンCやクエン酸は、ともに鉄の腸からの吸収を高めるので、貧血対策にも効果的です。

Q ビタミンCが豊富な果物は？

A キウイフルーツ、オレンジやみかん、グレープフルーツ、いちご、柿などに多く含まれます。
果物がとれない場合は、果汁100％ジュースで代用してもOK。

貧血予防 の献立例

男性アスリート［長距離選手の場合］
この献立の1日のエネルギー量の目安　3,450 kcal

朝食

ロールパン 3個
ポトフ
コーンとほうれん草の
スクランブルエッグ
ハニーヨーグルト
牛乳 200mL
バナナ

総エネルギー
1,103 kcal

鉄 **4.8 mg**

ポトフ　238 kcal　鉄 1.2 mg

材料

ウインナー … 2本
にんじん（乱切り）
… 2cm（20g）
じゃがいも（乱切り）
… 中1個
たまねぎ
（くし形に切る）
… 1/4個

A
ブロッコリー（さっとゆでる）
… 2房
水 … カップ1（200mL）
コンソメスープの素
… 1個弱
ローリエ（あれば）… 1枚
塩・こしょう … 各少々

つくり方

1 鍋にA、たまねぎ、にんじん、じゃがいもを入れて、やわらかくなるまで煮る。
2 ウインナー、ブロッコリーを入れて軽く煮る。塩、こしょうで味をととのえる。

「コーンとほうれん草のスクランブルエッグ」「ハニーヨーグルト」の分量は、P.152にあります

1日の栄養摂取量	たんぱく質 132.5g / 脂質 100.8g / 炭水化物 502.3g / 食物繊維総量 37.6g / カルシウム 1,298mg / 鉄 19.1mg / ビタミンA 1,374μgRAE / ビタミンD 4.0μg / ビタミンB₁ 1.86mg / ビタミンB₂ 2.48mg / ビタミンC 489mg

MAN
LUNCH
昼食

タコライス
あさり入り野菜スープ
カリフラワーのピクルス
牛乳 200mL
グレープフルーツ

総エネルギー
1,108 kcal

鉄 **8.5** mg

タコライス　816 kcal　鉄 3.2 mg

材料
- ごはん … 300g
- 牛ひき肉 … 60g
- たまねぎ(みじん切り) … 40g
- にんにく(みじん切り) … 1かけ
- サラダ油 … 小さじ1/2
- 塩 … 少々
- トマト(1cm角に切る) … 1/2個
- サニーレタス(ざく切り) … 3枚
- とろけるチーズ(ピザ用) … 15g
- A
  - ナツメグ・チリパウダー・砂糖・こしょう … 各少々
  - トマトケチャップ … 大さじ1
  - 酒 … 小さじ1
  - ウスターソース … 小さじ1/2
  - しょうゆ … 小さじ1弱

つくり方
1. フライパンに油を熱し、にんにく、たまねぎを入れて炒める。香りが出たら牛ひき肉を入れ、火が通るまで炒める。
2. 1にAを加えてさらに炒め、塩で味をととのえる。
3. 皿に、ごはん、レタス、トマト、2をのせる。2が熱いうちにチーズをのせ、余熱で溶かす。

「あさり入り野菜スープ」「カリフラワーのピクルス」の分量は、P.152にあります

貧血予防 の献立例

MAN・DINNER
夕の食

- ごはん（250g）
- みそ汁（たまねぎ、さつまいも、あさつき）
- 鶏肉のトマトクリーム風味
- れんこんとツナのごまあえ
- ゆで卵と豆のサラダ
- キウイフルーツ

総エネルギー **1,238 kcal**
鉄 **5.7 mg**

鶏肉のトマトクリーム風味 382 kcal 鉄 1.8 mg

材料

- 鶏むね肉（ひと口大に切る）… 100g
- にんにく（みじん切り）… 1かけ
- たまねぎ（くし形に切る）… 1/6個
- しめじ … 1/3袋
- かぼちゃ（いちょう切り）… 1/6個分
- ブロッコリー … 2房
- サラダ油 … 小さじ1
- 塩・こしょう … 各少々
- A
  - 生クリーム … 小さじ2
  - トマト水煮缶詰 … カップ1/2（100g）
  - 牛乳 … カップ1/4（50mL）
  - 水 … カップ1/2（100mL）
  - コンソメスープの素 … 小さじ1弱

つくり方

1. 鍋に油を熱し、鶏肉と野菜を入れて炒める。
2. 全体に油が回ったらAを加え、野菜がやわらかくなるまでふたをして煮る。塩、こしょうで味をととのえる。
3. 皿に盛り、生クリームを回しかける。

「みそ汁」「れんこんとツナのごまあえ」「ゆで卵と豆のサラダ」の分量は、P.152にあります

アスリートの栄養まめ知識 2

コンディションに合わせてカスタマイズ
料理の応用術！

ここで紹介している献立は、貧血予防や疲労骨折予防、減量など、
選手のコンディションを想定した献立例です。
目的別の料理であっても食材を変えることで、他の栄養素を補う料理にカスタマイズ可能。
「最近、鉄分が不足しているな」、「試合に備えて身体をしぼろうかな」など、
その時々の自分の状態に合わせ、必要な食材を取り入れましょう！
考えて食べることで、"栄養の知識"と"料理の応用力"が自然と身についていきます。

例えば…
貧血予防メニュー の **タコライス** をカスタマイズ！

最近カルシウムが不足気味。カルシウムを増やすにはどうしたらいい？

タコライスのタコミートの牛ひき肉は鉄が多いけれど、増やしたいのはカルシウム… ⇒ 牛ひき肉をカルシウムとビタミンDの豊富な「さばの水煮か味付き缶詰」に代えると… ⇒ 疲労骨折予防のメインディッシュに！

試合に向けて体重を減らしたい。カロリーダウンできないかなあ…

タコミートは、ひき肉のカロリーが気になる… ⇒ ひき肉を脂肪分の少ない牛赤身肉（同分量）に代えると… ⇒ エネルギーが約80kcalマイナスになり、減量メニューに！

疲労骨折予防 の献立例

女性アスリート［長距離選手の場合］
この献立の1日のエネルギー量の目安 ｜ 2,550 kcal

WOMAN BREAKFAST
朝⑥食

ピザトースト
かぼちゃのスープ
ほうれん草と卵の
ココット
ブロッコリーサラダ
ハニーヨーグルト
オレンジ、バナナ

総エネルギー
911 kcal

カルシウム
535 mg

かぼちゃのスープ　172 kcal　カルシウム 151 mg

材料
かぼちゃ
… 約6cm角程度（60g）
たまねぎ（薄切り）
… 小1/6個
牛乳 … 125mL
バター
… 小さじ1/2強
小麦粉 … 大さじ1/4
砂糖・塩・こしょう
… 各少々

つくり方
1 かぼちゃは皮をむき、等分に切る。ラップをして電子レンジ(600w)で2分加熱する(硬ければ、加熱時間を延長)。
2 鍋にバターを溶かし、中火でたまねぎを炒める。
3 2に小麦粉をふり入れ、ダマができないよう手早く炒める。
4 3に牛乳の半量を加え、ひと煮立ちしたら、弱火で1分ほど煮る。残りの牛乳を加えてざっと混ぜ、あら熱をとる。
5 かぼちゃと4をミキサー(またはフードプロセッサー)にかけ、なめらかにする。
6 5を鍋に戻して弱火で温め、砂糖、塩、こしょうで味をととのえる。

「ピザトースト」「ほうれん草と卵のココット」「ブロッコリーサラダ」「ハニーヨーグルト」の分量は、P.152にあります

ビタミンD、酸、乳たんぱく質を一緒にとると、カルシウムの吸収率がUP。

| 1日の栄養摂取量 | たんぱく質 118.4g / 脂質 76.7g / 炭水化物 342.8g / 食物繊維総量 28.1g / カルシウム 1,347mg / 鉄 12.5mg / ビタミンA 975μgRAE / ビタミンD 35.4μg / ビタミンB_1 1.79mg / ビタミンB_2 2.26mg / ビタミンC 377mg |

WOMAN LUNCH 昼食

牛乳スープパスタ
アボカドサラダ
キウイフルーツ

総エネルギー **751** kcal

カルシウム **424** mg

超簡単!
牛乳スープパスタ 573 kcal カルシウム 386 mg

材料

- スパゲッティ(1.6mm/半分に折る)… 100g
- ロースハム(薄切り)… 2枚
- たまねぎ(薄切り)… 小1/3個
- キャベツ(ざく切り)… 1/2枚
- A
  - ブロッコリー … 3房
  - 低脂肪乳・水 … 各カップ1 (200mL)
  - コンソメスープの素 … 小さじ1
- 粉チーズ … 大さじ1
- 塩・こしょう … 各少々

つくり方

1 鍋に、ハム、キャベツ、たまねぎ、Aを入れ、温める。
2 沸とう直前になったらスパゲッティを入れて大きく混ぜ、表示時間通りにゆで始める。
3 ゆで上がり1分前にブロッコリーを入れて、塩、こしょうで味をととのえる。
4 器に盛り、粉チーズをふる。

「アボカドサラダ」の分量は、P.152にあります

疲労骨折予防 の献立例

WOMAN

DINNER

夕食

ごはん（200g）
みそ汁
（なめこ、じゃがいも、わかめ）
さけとれんこんの
包み焼き
生揚げ明太
チーズサンド
水菜とじゃこのサラダ
もずく酢
グレープフルーツ

総エネルギー
882 kcal

カルシウム
388 mg

生揚げ明太チーズサンド

| 179 kcal | カルシウム 155 mg |

材料

生揚げ … 1/2 枚（50g）
明太子 … 小 1/2 腹
マヨネーズ … 大さじ 1/4
ピザ用チーズ … 大さじ 1+1/2
かたくり粉 … 少々
サラダ油 … 少々
A ┃ 酒 … 大さじ 1 弱
　 ┃ みりん・しょうゆ … 各少々

つくり方

1 生揚げは 1 枚を斜め半分に切る（片方のみを使用）。
2 明太子とマヨネーズをよく混ぜ、チーズも加え混ぜておく。
3 生揚げの断面に切り目を入れ、2を詰める。全体にかたくり粉を薄くまぶす。
4 フライパンに油を熱し、3を色よく焼いてAを加え、全体に煮からめる。

「みそ汁」「さけとれんこんの包み焼き」「水菜とじゃこのサラダ」「もずく酢」の分量は、P.152にあります

アスリートの栄養まめ知識 3

ちょい足し（トッピング）がポイント！
カルシウム摂取の増やし方

日本人のほとんどが摂取不足のカルシウム。
骨を丈夫に保ち、ケガを予防するためには、毎日カルシウムをしっかり補給すべき！
（くわしくは、P.74 第4章「4.予防のカギは食事」参照）

特に、牛乳・乳製品（ヨーグルトやチーズ）はカルシウムが多く含まれるためお勧めです。
それ以外にも、ちょい足しトッピングでコツコツとっていきましょう！

例えば、"ごはんにすりごまをふりかけて食べる"、
"みそ汁の具にカルシウム豊富な大豆製品（豆腐、油揚げ、生揚げ、高野豆腐など）を入れる"
…など、
毎食のちょっとした工夫でカルシウム摂取量は増やせます。

ふりかけは、小魚、すりごま、ひじき、のりなど、カルシウムを含むものを。おもちにきなこもお勧めです！

すりごまは、食パンにのせてセサミトーストにしても

実は、アーモンドもカルシウム豊富

昆布の佃煮や塩こんぶも常備しておくと良い

疲労骨折予防 の献立例

男性アスリート［跳躍選手の場合］
この献立の1日のエネルギー量の目安 ｜ 3,500 kcal

朝食 (BREAKFAST / MAN)

ごはん（250g）
みそ汁
（なめこ、じゃがいも、豆腐）
ハムエッグ
しらす納豆
ひじきの煮もの
蒸し野菜
牛乳 200mL
オレンジ、バナナ

総エネルギー
1,162 kcal

カルシウム
473 mg

ひじきの煮もの

| 48 kcal | カルシウム 41 mg |

材料（4食分）

ひじき（乾燥）… 10g
大豆（水煮）… 1パック（60g）
にんじん（太めのせん切り）
… 2cm（20g）
だし … 80mL
砂糖 … 小さじ2
みりん … 小さじ1+1/4
しょうゆ … 小さじ1

つくり方

1 ひじきは多めの水に15〜20分ほどつけてもどし、水気をきる。
2 鍋にしょうゆ以外の材料すべてを入れて火にかけ、落としぶたをして約10分煮る。
3 しょうゆを加えて全体を大きく混ぜ、落としぶたをしてさらに5分煮る。

◆冷蔵庫で5日ほど保存できます。

「みそ汁」「ハムエッグ」「しらす納豆」「蒸し野菜」の分量は、P.152〜153にあります

1日の栄養摂取量: たんぱく質 157.5g / 脂質 110.5g / 炭水化物 464g / 食物繊維総量 29.4g / カルシウム 1,296mg / 鉄 15.9mg / ビタミンA 1,061μgRAE / ビタミンD 16.2μg / ビタミンB₁ 2.68mg / ビタミンB₂ 3.01mg / ビタミンC 376mg

MAN ・LUNCH・
昼食

さば缶とレタスの
チャーハン
酸辣湯（サンラータン）
チョレギサラダ
フルーツヨーグルト
サラダ

総エネルギー
1,017 kcal

カルシウム
365 mg

さば缶とレタスのチャーハン

| 697 kcal | カルシウム 164 mg |

材料

ごはん … 280g
さば水煮缶詰（味付き）
… 1缶（80g）
レタス … 2枚
長ねぎ（みじん切り）… 10cm
ごま油 … 小さじ1強
塩・こしょう … 各少々

つくり方

1. さば缶は軽く汁気をきる。レタスは食べやすい大きさにちぎる。
2. フライパンに油を熱し、ねぎを炒める。
3. 香りが出たら、ごはん、1を入れ、強火で手早く炒める。全体がぱらりとしたら、塩、こしょうで味をととのえる。

「酸辣湯」「チョレギサラダ」「フルーツヨーグルトサラダ」の分量は、P.153にあります

疲労骨折予防 の献立例

夕の食 (MAN / DINNER)

ごはん（250g）
ほうれん草のポタージュ
ポークジンジャー
かつおのカルパッチョ
じゃがいもとトマトの
チーズ焼き
グレープフルーツ

総エネルギー
1,334 kcal

カルシウム
458 mg

ポークジンジャー　388 kcal　カルシウム 36 mg

材料

豚ロース肉
（しょうが焼き用）
… 150g
かたくり粉 … 少々
たまねぎ（薄切り）
… 小 1/2 個
サラダ油 … 少々

〈つけ合わせ〉
キャベツ、トマト … 適量
　すりおろしりんご
　… 大さじ 1
　おろししょうが
A　… 小さじ 1/2
　しょうゆ・みりん
　… 各大さじ 1/2
　酒 … 小さじ 1 弱

つくり方

1. 豚肉は、余分な脂身を取り、かたくり粉を薄くまぶす。
2. フライパンに油を熱し、豚肉を入れて焼く。焼き色がつき、半分ほど火が通ったら、たまねぎを入れ、さらに炒める。
3. Aを加えてからめ、豚肉に完全に火が通ったら火を止める。キャベツ、トマトと一緒に皿に盛る。

「ほうれん草のポタージュ」「かつおのカルパッチョ」「じゃがいもとトマトのチーズ焼き」の分量は、P.153にあります

アスリートの栄養まめ知識 4

季節ごとに上手にとろう
旬の野菜は栄養価が高い

春・夏・秋・冬…野菜は旬の時期が一番おいしいもの。
主な野菜の旬の時期を覚えておくと、1年で最も栄養価の高い野菜を選ぶことができます。

例えば、ほうれん草。夏のビタミンC含有量は100g当たり20mgですが、
旬を迎えた冬では60mgと、約3倍の差があります。

野菜選びに迷ったら、八百屋やスーパーの店先で一番目立つところに並べられている
旬の野菜を選んでください。

冬
・ほうれん草
・ブロッコリー
・大根
など

春
・春キャベツ
・アスパラガス
・スナップえんどう
など

秋
・さつまいも
・きのこ類
・かぼちゃ
・れんこん
など

夏
・モロヘイヤ
・オクラ
・トマト
・ゴーヤー
など

減量のための献立例

女性アスリート ［短距離選手：体脂肪 0.5～1kg/月を減らす場合］
この献立の1日のエネルギー量の目安 ｜ 2,100 kcal

WOMAN BREAKFAST
朝食

ごはん（180g）
みそ汁
（ねぎ、白菜、えのき、わかめ、高野豆腐）
ししゃものおろし添え
きゅうりの梅おかかあえ
切り干し大根と塩こんぶのサラダ
低脂肪乳 200mL
キウイフルーツ

総エネルギー
714 kcal

切り干し大根と塩こんぶのサラダ　41 kcal

材料
切り干し大根（乾）… 7 g
水菜（3cm長さに切る）
　… 小1/2株
塩こんぶ … 少々
すりごま（白）… 小さじ1/3
A ｜ だし・酢・しょうゆ
　　… 各小さじ1/2

つくり方
1　切り干し大根は水につけてもどす。水気をしぼり、食べやすく切る。
2　ボウルに材料すべてを入れて混ぜる。

「みそ汁」「ししゃものおろし添え」「きゅうりの梅おかかあえ」の分量は、P.153にあります

なるべくいろいろな食材を使って、見た目にさびしくならない工夫が必要。

1日の栄養摂取量	たんぱく質 115.8g / 脂質 51.2g / 炭水化物 298.6g / 食物繊維総量 29.8g / カルシウム 1,173mg / 鉄 13.4mg / ビタミンA 612μgRAE / ビタミンD 22.1μg / ビタミンB₁ 2.31mg / ビタミンB₂ 2.35mg / ビタミンC 298mg

WOMAN

・LUNCH・

昼食

蒸し鶏と納豆の
冷やしそば
せん切りキャベツの
サラダ
ミルク寒天

総エネルギー
601 kcal

蒸し鶏と納豆の冷やしそば 507 kcal

材料
ゆで生そば … 1玉(160g)
鶏もも肉(皮なし) … 60g
A 砂糖・塩・酒 … 各小さじ1/3
納豆 … 小1パック(30g)
ほうれん草 … 1株
オクラ … 1〜2本
温泉卵 … 1個
かけつゆ(めんつゆストレートタイプ) … 150mL
いりごま(白) … 小さじ1

つくり方
1 鶏肉はそぎ切りにする。Aをもみこみ、15分ほどおく。耐熱皿に入れてラップをゆるめにかけ、電子レンジ(600w)で2分加熱する。裏返して、さらに2分加熱する。
2 オクラはゆで、輪切りにする。同じ湯でほうれん草もゆで、水気をしぼって3cm長さに切る。
3 そばは表示通りにゆで、水気をよくきる。
4 皿に、そば、1、2、納豆、温泉卵を盛り、めんつゆをかけ、ごまを散らす。

「せん切りキャベツのサラダ」「ミルク寒天」の分量は、P.153にあります

減量のための献立例

WOMAN
・DINNER・
夕の食

玄米ごはん（180g）
いわしのつみれ汁
豚ヒレ肉と野菜の
塩こうじ炒め
こんにゃくとひじきの
煮もの
オニオンスライスの
サラダ
グレープフルーツ

総エネルギー
805 kcal

豚ヒレ肉と野菜の塩こうじ炒め　182 kcal

材料

豚ヒレ肉 … 3枚（90g）
塩こうじ（市販）… 小さじ2
アスパラガス … 2本
赤パプリカ（1cm幅に切る）
　… 1/4個
黄パプリカ（1cm幅に切る）
　… 1/4個
まいたけ（ほぐす）… 1/4パック
オリーブ油 … 小さじ1/2
塩・こしょう … 各少々

つくり方

1. 豚肉は、空き瓶やラップの芯などでたたいてのばし、塩こうじをまぶす。
2. アスパラガスは根元の固い部分を切り落とし、斜め切りにする。
3. フライパンに油を熱し、1の豚肉を入れて中火で焼き、ある程度火が通ったところで、野菜、まいたけを入れ、塩、こしょうで味をととのえる。

「いわしのつみれ汁」「こんにゃくとひじきの煮もの」「オニオンスライスのサラダ」の分量は、P.153にあります

アスリートの栄養まめ知識 5

糖質はこわくない！アスリートに必須のエネルギー源！
自分に合ったごはんの量を知ろう

　糖質は筋肉を動かすためのエネルギー源として、筋グリコーゲンの形で筋肉に蓄えられます。筋グリコーゲンは日々消費されるため、つねに糖質を補給して回復させることが重要です。そのため、アスリートは毎食、ごはんやパン・麺類などの主食から、適切に糖質をとりましょう。でも、気になるのは体重増加。
　写真は、アスリートがとりたい1食分のごはん量の例です。1日の糖質摂取の目安量は、本書の第2章を参考にしてください。

※比較しやすくするために、写真は同じ大きさ（直径 約12cm）のごはん茶碗に盛りつけています

女性アスリート減量時 150g　　女性アスリート 200g　　男性アスリート 300g

ごはんの量の"太らない"増やし方

　アスリートは、エネルギー不足によって貧血だけでなく、女性の場合は無月経になることがあります。そのため、減量時でも極端にごはんの量を減らすことはお勧めしません。
　ただし、これまであまりごはんを食べてこなかった場合、急にごはんの量を増やすと体重が増加する可能性もあります。毎日の体重を測定し、1週間単位で増減がみられないか確認しながら、食べる量を少しずつ増やすと良いでしょう（下図）。

〈 増やし方例 〉

- **90g**: スプーン1杯10〜20g程度をプラス。体重をチェックしながら、1週間様子を見る。
- **110g**: 体重が増加していなければ、続いて10〜20g程度をプラス。さらに1週間様子を見る。
- **130g**: 体重が増加していなければ、さらに10〜20g程度をプラス。1週間様子を見る。このように少しずつ増量しながら、目標量に近づける。
- **適正な量のごはん**: 適正な量のごはんを食べると、練習をしっかりこなせる身体に！

減量のための献立例

男性アスリート ［中距離選手：体脂肪 0.5〜1 kg/月を減らす場合］
この献立の1日のエネルギー量の目安 | **2,900** kcal

BREAKFAST 朝食

ごはん（250g）
みそ汁
（たまねぎ、豆腐、あさつき）
野菜の巣ごもり
卵焼き
じゃがいものきんぴら
納豆 1パック
低脂肪乳 200mL
オレンジ

総エネルギー
963 kcal

野菜の巣ごもり卵焼き　142 kcal

材料
卵 … 1個
キャベツ（細切り）… 1枚
にんじん（せん切り）
… 1cm（10g）
ピーマン（細切り）… 1個
ロースハム（細切り）… 1枚
サラダ油 … 少々
塩・こしょう … 各少々

つくり方
1 フライパンに油を熱し、野菜、ハムを入れて炒める。
2 野菜がしんなりしたら中央にくぼみをつくり、卵を割り入れる。ふたをして、卵が半熟状態になるまで蒸し焼きにする。塩、こしょうをふる。

「みそ汁」「じゃがいものきんぴら」の分量は、P.153にあります

1日の栄養摂取量	たんぱく質 118.9g / 脂質 65.3g / 炭水化物 440.0g / 食物繊維総量 29.4g / カルシウム 1,251mg / 鉄 20.8mg / ビタミンA 1,138μgRAE / ビタミンD 2.4μg / ビタミンB₁ 2.04mg / ビタミンB₂ 2.50mg / ビタミンC 331mg

昼食

豚焼肉丼 おろし添え
みそ汁
（まいたけ、大根、わかめ、あさつき）
大豆もやしとほうれん草のナムル
低脂肪乳 200mL
グレープフルーツ

総エネルギー **894** kcal

豚焼肉丼 おろし添え　682 kcal

材料

- ごはん … 250g
- 豚肩ロース肉（薄切り） … 60g
- おろしにんにく … 小さじ1/2
- たまねぎ（薄切り） … 1/5個
- にんじん（せん切り） … 2cm(20g)
- 黄パプリカ（細切り） … 1/3個
- ごま油 … 小さじ1弱
- A
  - 砂糖 … 小さじ1強
  - しょうゆ・みりん … 各小さじ2
- いりごま（白） … 少々
- 大根 … 5cm
- しその葉 … 1枚

つくり方

1. 豚肉におろしにんにくをすりこむ。
2. 大根はすりおろし、軽く水気をきる。
3. フライパンに油を熱し、1、野菜を入れ炒める。
4. 肉に火が通ったらAを加え、ごまを入れて混ぜる。
5. 丼にごはんを盛って4をのせ、しその葉、大根おろしを添える。

「みそ汁」「大豆もやしとほうれん草のナムル」の分量は、P.153にあります

減量のための献立例

夕の食 (DINNER) — MAN

- ごはん（250g）
- もやしとわかめの中華スープ
- 鶏肉と野菜のみそ風味焼き
- 小松菜と油揚げの煮びたし
- あさりとごぼうのしぐれ煮
- パイナップル（カット）

総エネルギー **1,020 kcal**

鶏肉と野菜のみそ風味焼き　309 kcal

材料

- 鶏もも肉（皮なし）… 120g
- A | 酒 … 小さじ1
  　| 塩 … 少々
- キャベツ（ざく切り）… 4枚
- にんじん（細切り）… 1cm（10g）
- ピーマン（細切り）… 1/2個
- アスパラガス … 2本
- ミニトマト … 2個
- もやし … 30g
- B | みそ … 大さじ1
  　| 砂糖 … 大さじ1
  　| みりん … 小さじ1
  　| しょうゆ … 小さじ1弱
  　| 酒 … 小さじ1強
  　| おろしにんにく … 少々
- バター … 5g

つくり方

1. オーブンは180℃に予熱しておく。
2. 鶏肉にAをもみこみ、下味をつける。
3. アスパラガスは根元の固い部分を切り落とし、半分の長さに切る。トマトは縦半分に切る。
4. Bのみそだれを合わせる。
5. アルミホイルを広げ、野菜、鶏肉の順にのせ、Bをかける。バターをのせ、オーブンで30分程度焼く。

「もやしとわかめの中華スープ」「小松菜と油揚げの煮びたし」「あさりとごぼうのしぐれ煮」の分量は、P.153にあります

アスリートの栄養まめ知識 ⑥

パターンを決めて
朝ごはんは毎日、必ず食べよう！

朝は誰しも忙しいもの。時間がなくてどうしても朝ごはんをつくれない時は、手抜きをしてもOKです。何も食べないよりは、必ず何かをお腹に入れて1日をスタートすることが大切。朝ごはんづくりが面倒な場合に、ラクにとるためのコツをご紹介します。

その1. 組み合わせのパターンを決めておく

"ごはんを炊いている派"なら
和食パターン

ごはん
即席みそ汁（または納豆）
焼き魚（市販品・調理済みのもの）
温泉卵
ヨーグルト（牛乳）
＋
バナナ or 果汁100％ジュース

コンビニやスーパーの1人分の焼き魚はすぐ食べられて便利

サラダが面倒なら、野菜ジュースでOK

ごはんはレトルトタイプを"まとめ買い"しても

みそ汁は、即席タイプでOK

"パンを常備派"なら
洋食パターン

ハムチーズトースト
サラダやミニトマト
（市販・カット済みでもOK）
ゆで卵
牛乳（ヨーグルト）
＋
バナナ or 果汁100％ジュース

市販のゆで卵や温泉卵は、たんぱく源として活用

糖質豊富なバナナは忙しい朝の心強い助っ人

その2. 日持ちのする食品をそろえておく

朝ごはんメニューをパターン化したら、よく使いそうな食品のうち日持ちがするものをストック。いつでも使えるようにしておきます。

プチトマト　バナナ　納豆　パックジュース　即席みそ汁　温泉卵　コーンフレーク

今日から実践！目的別アスリート飯／材料（1人分）

貧血／女性

朝食

切り干し大根のみそ汁 50 kcal
- 切り干し大根 … 3g
- 小松菜（ざく切り）… 1/4束(30g)
- だし … カップ1(200mL)
- 赤みそ … 大さじ1

厚焼き卵 135 kcal
- 卵 … 1個
- A だし … 大さじ1
- 　砂糖 … 小さじ1強
- 　しょうゆ・塩 … 各少々
- サラダ油 … 小さじ1
- しその葉 … 1枚

にらのおひたし 26 kcal
- にら(2cm長さに切る)… 1/2束(70g)
- にんじん(せん切り)… 少々
- めんつゆ(市販・ストレートタイプ)… 大さじ1強
- けずりぶし … 少々

昼食

とろろ昆布とねぎのすまし汁 11 kcal
- とろろ昆布 … 1g
- 長ねぎ(みじん切り)… 3cm
- しめじ … 1/3パック
- だし … カップ3/4(150mL)
- 塩・しょうゆ … 各少々

夕食

牛肉じゃが 255 kcal
- 牛ロース肉(薄切り)… 30g
- じゃがいも(乱切り)… 中1個
- たまねぎ(くし形)… 1/4個
- にんじん(乱切り)… 2cm(20g)
- 絹さや(さっとゆでる)… 1〜2枚
- サラダ油 … 小さじ1
- A だし … カップ1/3強(70mL)
- 　砂糖 … 大さじ1
- B しょうゆ … 大さじ1+1/2
- 　塩 … 少々

きのこの卵とじスープ 40 kcal
- なめこ … 1/2袋
- チンゲンサイ(ざく切り)… 1/2束
- 卵(割りほぐす)… 1/3個

- 水 … カップ1
- A 中華だし(顆粒)… 少々
- 　塩・こしょう … 各少々

わかめときゅうりの酢のもの 14 kcal
- わかめ(塩蔵)… 20g
- きゅうり(薄切り)… 1/2本
- 塩 … 少々
- A 酢・だし … 各大さじ1/2
- 　砂糖・塩 … 各少々

貧血／男性

朝食

コーンとほうれん草のスクランブルエッグ 134 kcal
- 卵 … 1個
- スイートコーン … 大さじ1強
- ほうれん草 … 1/4束(50g)
- 塩・こしょう … 各少々
- サラダ油 … 小さじ1/2
- 〈つけ合わせ〉
- トマト 1/2個+レタス 2枚

ハニーヨーグルト 91 kcal
- プレーンヨーグルト(無糖)… 100g
- はちみつ … 大さじ1

昼食

あさり入り野菜スープ 41 kcal
- あさり水煮(むき身缶詰)… 1/2缶(15g)
- キャベツ(ざく切り)… 1/2枚(30g)
- たまねぎ(くし形切り)… 1/8個
- にんじん(たんざく切り)… 1cm(10g)
- 水 … カップ3/4(150mL)
- A コンソメスープの素・塩・こしょう … 各少々

カリフラワーのピクルス 60 kcal
- カリフラワー … 1/6個
- A 酢 … 小さじ2
- 　白ワイン … 小さじ2
- 　カレー粉 … 小さじ1/3
- 　砂糖 … 小さじ1
- 　塩・黒こしょう … 各少々
- 　オリーブ油 … 小さじ1
- 　ローリエ(あれば)… 1枚

夕食

みそ汁 94 kcal
- さつまいも(皮をむき輪切り)… 1/4本(40g)
- たまねぎ(くし形)… 1/6個
- あさつき(小口切り)… 少々
- だし … カップ3/4(150mL)
- みそ … 大さじ1

れんこんとツナのごまあえ 129 kcal
- れんこん(半月切り)… 2cm(40g)
- にんじん(いちょう切り)… 1cm(10g)
- ツナ缶詰(汁気をきる)… 20g
- サラダ菜 … 1枚
- A 白すりごま … 小さじ2
- 　マヨネーズ・めんつゆ(3倍濃縮)… 各小さじ1

ゆで卵と豆のサラダ 110 kcal
- ゆで卵 … 1/2個
- ひよこ豆・えんどう豆・いんげん豆(水煮)… 30g*
- トマト … 1/3個
- かいわれ大根(2〜3cm長さに切る)… 1/3パック
- 和風ドレッシング(市販)… 大さじ1
- *市販のミックスビーンズでもOK

疲労骨折／女性

朝食

ピザトースト 387 kcal
- 食パン(4枚切り)… 1枚
- ロースハム(細切り)… 2枚(20g)
- たまねぎ(薄切り)… 小1/8個
- ピーマン(輪切り)… 1/3個
- トマトケチャップ … 大さじ1
- とろけるスライスチーズ … 1枚

ほうれん草と卵のココット 132 kcal
- 卵 … 1個
- ほうれん草 … 1/4束(50g)
- ロースハム … 2枚
- 塩・こしょう … 各少々

ブロッコリーサラダ 62 kcal
- ブロッコリー(さっとゆでる)… 3房
- トマト(くし形に切る)… 1/4個
- レタス(食べやすくちぎる)… 2枚
- フレンチドレッシング(市販)… 小さじ1

ハニーヨーグルト 74 kcal
- プレーンヨーグルト(無糖)… 120g
- はちみつ … 小さじ1

昼食

アボカドサラダ 136 kcal
- アボカド(ひと口大)… 1/2個
- スイートコーン(缶詰)… 大さじ1
- ミニトマト(縦4等分)… 2個
- レタス(せん切り)… 1枚
- フレンチドレッシング(市販)… 大さじ2

夕食

みそ汁 62 kcal
- なめこ … 1/4袋
- じゃがいも … 1/2個弱(40g)
- カットわかめ … 少々
- だし … カップ1(200mL)
- みそ … 大さじ1

さけとれんこんの包み焼き 199 kcal
- 生さけ … 1切れ
- れんこん … 30g
- にんじん(輪切り)… 20g
- しいたけ … 1個
- ぎんなん(水煮)… 2個
- A みそ … 大さじ1/2
- 　みりん … 大さじ1/2
- 　豆板醤 … 少々
- アルミホイルまたはクッキングシート

水菜とじゃこのサラダ 55 kcal
- 水菜 … 小1株(40g)
- ちりめんじゃこ … 大さじ2
- ごま油 … 少々
- 酢・しょうゆ … 各小さじ1+1/4
- こしょう … 少々
- いりごま … 小さじ1

もずく酢 13 kcal
- もずく酢(市販)… 1パック
- しょうが(せん切り)… 少々

疲労骨折／男性

朝食

みそ汁 106 kcal
- じゃがいも … 中1/2(50g)

もめん豆腐 … 50g
なめこ … 1/4 パック
だし … カップ 1 (200mL)
みそ … 大さじ 1

ハムエッグ 224 kcal
卵 … 2 個
ロースハム … 2 枚
サラダ油 … 小さじ 1/2

しらす納豆 96 kcal
納豆 … 1 パック
しらす干し … 大さじ 1/2
小ねぎ … 少々
しょうゆ … 小さじ 1/2

蒸し野菜 72 kcal
アスパラガス … 1 本
ブロッコリー(小房に分ける) … 2 房
黄パプリカ(1cm 幅に切る) … 1/4 個
ミニトマト … 2 個
フレンチドレッシング(市販) … 小さじ 2

昼食

酸辣湯 109 kcal
トマト … 1 個 (100 g)
溶き卵 … 1/2 個分
きくらげ … 3 枚
水 … カップ 3/4 (150 mL)
A｜中華だし(顆粒) … 大さじ 1/2
 ｜しょうゆ・ごま油 … 小さじ 1/2
 ｜塩・こしょう … 各少々
 ｜かたくり粉 … 小さじ 1
B｜水 … 小さじ 1
酢 … 大さじ 1/2
ラー油 … 適量

チョレギサラダ 47 kcal
サニーレタス … 2 枚
きゅうり(せん切り) … 1/2 本
わかめ(塩蔵・湯通しして食べやすく切る) … 1/3 カップ
長ねぎ(せん切り) … 10cm
ごま・塩 … 各少々
ごま油 … 小さじ 3/4

フルーツヨーグルト
サラダ 164 kcal
キウイフルーツ … 1/2 個
いちご … 3 個
バナナ … 1/4 本
ドライプルーン(種なし) … 3 個
プレーンヨーグルト(無糖) … 80g

夕食

ほうれん草の
ポタージュ 202 kcal
ほうれん草 … 1/3 束 (60g)

たまねぎ(薄切り) … 1/2 個 (60g)
バター … 小さじ 1
水 … カップ 1/4 (50mL)
コンソメスープの素 … 小さじ 1/3
牛乳 … カップ 1 (200 mL)
塩・こしょう … 各少々

かつおのカルパッチョ 149 kcal
かつお(刺身用) … 4 切れ
たまねぎ(薄切り) … 1/8 個
水菜(3cm 長さ) … 1/4 株
トマト(1cm 角) … 1/4 個
小ねぎ(小口切り) … 少々
A｜ポン酢しょうゆ … 小さじ 2
 ｜おろししょうが・
 ｜ゆずこしょう … 各少々
 ｜オリーブ油 … 小さじ 1

じゃがいもとトマトの
チーズ焼き 136 kcal
じゃがいも(薄切り) … 小 1 個 (80 g)
しめじ(石づきを取る) … 1/4 袋
オリーブ油 … 少々
ミニトマト(薄切り) … 2 個
とろけるチーズ(ピザ用) … 大さじ 1
塩・こしょう … 各少々

減量／女性

朝食

みそ汁 86 kcal
高野豆腐(薄切り) … 8g
白菜 … 30g
えのきだけ … 20g
長ねぎ … 10cm
カットわかめ … 1g
だし … カップ 1 (200mL)
みそ … 大さじ 1

ししゃものおろし添え 127 kcal
ししゃも … 4 尾
だいこん(すりおろす) … 1 cm
レモン … 1/4 個
しその葉 … 1 枚

きゅうりの梅おかか
あえ 13 kcal
きゅうり(乱切り) … 1/2 本
梅干し … 1 個
かつおぶし … 少々
しょうゆ … 少々

昼食

せん切りキャベツの
サラダ 22 kcal
紫キャベツ … 小 1/3 枚

キャベツ … 1/2 枚
トマト(くし形に切る) … 1/4 個
和風ドレッシング(市販) … 小さじ 2

ミルク寒天 72 kcal
◆2 食分
粉寒天 … 小さじ 1
水 … カップ 1/4 (50 mL)
砂糖 … 大さじ 1
低脂肪乳 … 170 mL
いちご(2 等分に切る) … 1 個
ミントの葉 … 適量

夕食

いわしのつみれ汁 162 kcal
いわし … 大 1 尾
長ねぎ(みじん切り) … 10 cm
おろししょうが … 少々
A｜酒 … 少々
 ｜塩 … 少々
 ｜かたくり粉 … 小さじ 1
小ねぎ(小口切り) … 適量
大根(いちょう切り) … 0.5cm (20g)
じゃがいも(ひと口大) … 1/4 個
にんじん(いちょう切り) … 1cm (10g)
ごぼう … 5 cm
しめじ(石づきを取る) … 1/4 パック
だし … 180 mL
B｜塩 … 少々
 ｜しょうゆ … 少々

こんにゃくとひじき
の煮もの 35 kcal
◆5 食分
ひじき(乾) … 7g
こんにゃく(細切り) … 30g
ごぼう … 1/2 本 (25 cm 程度)
A｜だし … 80mL
 ｜砂糖 … 大さじ 1/2
 ｜酒 … 大さじ 1/2
 ｜しょうゆ … 大さじ 1 弱
にんじん(細切り) … 1/3 本 (10g)
※冷蔵庫で 2～3 日間保存可

オニオンスライスの
サラダ 87 kcal
たまねぎ(薄切り) … 1/2 個 (45g)
トマト(くし形に切る) … 1/2 個
けずりぶし … 少々
フレンチドレッシング(市販) … 大さじ 1

減量／男性

朝食

みそ汁 71 kcal
絹ごし豆腐 … 1/3 丁 (50g)
たまねぎ … 1/6 個 (30g)
あさつき … 適量
だし … カップ 3/4 (150mL)

みそ … 大さじ 1

じゃがいものきんぴら 108 kcal
じゃがいも(いちょう切り) … 中 1/2 個
にんじん(いちょう切り) … 1cm (10g)
赤とうがらし(乾・輪切り) … 適量
サラダ油 … 小さじ 1 弱
A｜酒・しょうゆ・みりん
 ｜ … 各小さじ 1
いりごま(白) … 小さじ 1 弱

昼食

みそ汁 36 kcal
まいたけ … 1/5 パック
大根 … 1cm
カットわかめ … 1 g
あさつき … 少々
だし … カップ 3/4 (150mL)
みそ … 大さじ 1

大豆もやしとほうれん
草のナムル 45 kcal
大豆もやし … 40 g
ほうれん草 … 1/2 束
A｜しょうゆ … 小さじ 1/2
 ｜塩 … 少々
ごま油 … 小さじ 1/2 強

夕食

もやしとわかめの
中華スープ 19 kcal
もやし … 30g
ごま油 … 少々
カットわかめ … 1g
水 … カップ 3/4 (150 mL)
中華だし(顆粒) … 小さじ 1/2 弱
塩・こしょう … 各少々

小松菜と油揚げの
煮びたし 116 kcal
小松菜 … 1/3 束 (80g)
油揚げ … 1/4 枚
しょうゆ・みりん … 各小さじ 1
だし … カップ 1/4 (50 mL)

あさりとごぼうの
しぐれ煮 107 kcal
あさり水煮(むき身缶詰) … 20g
ごぼう … 10cm
にんじん(細切り) … 1cm (10g)
絹さや(斜め切り) … 1～2 枚(あれば)
サラダ油 … 小さじ 1/2
A｜砂糖 … 小さじ 1
 ｜しょうゆ・みりん・酒
 ｜ … 各小さじ 1

参考文献

1. 田口素子 責任編集, 早稲田大学スポーツ栄養研究所 編. アスリートの栄養アセスメント. 第一出版 2017.
2. Taguchi M, et al. Resting Energy Expenditure in Japanese Athletes-as Applied to Dietary Management for Athletes-. Exercise in Space: Physical and Mental Benefit. Springer 2015, 125-37.
3. Watson G, et al. Influence of diuretic-induced dehydration on competitive sprint and power performance. Med Sci Sports Exerc. 2005; 37: 1168-74.
4. Burke LM, et al. International Association of Athletics Federations Consensus Statement 2019: Nutrition for Athletics. Int J Sport Nutr Exerc Metab. 2019; 29: 73-84.
5. Slater GJ, et al. SPRINTING. . . Dietary Approaches to Optimize Training Adaptation and Performance. Int J Sport Nutr Exerc Metab. 2019; 29: 85-94.
6. Schiffer J, et al. The Horizontal Jumps. IAAF New Studies in Athletics. 2011; 26: 7-24.
7. Burke LM, et al. Carbohydrates for training and competition. J Sports Sci. 2011; 29 Suppl: S17-27.
8. Burke LM, et al. Carbohydrates and fat for training and recovery. J Sports Sci. 2004; 22: 15-30.
9. Macedonio MA, et al. The Athlete's Guide to Making Weight. Human Kinetics: Champaign, IL, USA, 2009: 153-55.
10. 大畑好美. ジュニアの食育からアスリートの栄養教育への展開. 臨床スポーツ医学. 2016; 33: 1186-90.
11. 大畑好美ら. 第25回日清食品カップ全国小学生陸上競技交流大会に出場した優秀選手の食事実態について. 陸上競技研究紀要. 2010; 6: 19-29.
12. 田口素子ら. 日清食品カップ全国小学生陸上競技交流大会に出場した選手の食生活に関する調査. 陸上競技研究紀要. 2010; 6: 11-18.
13. Burke LM, et al. The 2007 IAAF Consensus Conference on Nutrition for Athletics. J Sports Sci. 2007; 25 Suppl: S1.
14. Parkin JA, et al. Muscle glycogen storage following prolonged exercise: effect of timing of ingestion of high glycemic index food. Med Sci Sports Exerc. 1997; 29: 220-4.
15. Ivy JL, et al. Early postexercise muscle glycogen recovery is enhanced with a carbohydrate-protein supplement. J Appl Physiol. 2002; 93: 1337-44.
16. Berardi JM, et al. Recovery from a cycling time trial is enhanced with carbohydrate-protein supplementation vs. isoenergetic carbohydrate supplementation. J Int Soc Sports Nutr. 2008; 5: 24.
17. McLellan TM, et al. Effects of protein in combination with carbohydrate supplements on acute or repeat endurance exercise performance: a systematic review. Sports Med. 2014; 44: 535-50.
18. Kerksick CM, et al. International society of sports nutrition position stand: nutrient timing. J Int Soc Sports Nutr. 2017; 14: 33.
19. 厚生労働省. 日本人の食事摂取基準 (2015年版). https://www.mhlw.go.jp/file/05-Shingikai-10901000-Kenkoukyoku-Soumuka/0000114399.pdf
20. Hallberg L. Bioavailability of dietary iron in man. Annu Rev Nutr. 1981; 1: 123-47.
21. Brune M, et al. Iron absorption and phenolic compounds: importance of different phenolic structures. Eur J Clin Nutr. 1989; 43: 547-57.
22. Andrews NC. Understanding heme transport. N Engl J Med. 2005; 353: 2508-9.
23. Hegazy AA, et al. Relation between anemia and blood levels of lead, copper, zinc and iron among children. BMC Res Notes. 2010; 3: 133.
24. Lukaski HC. Vitamin and mineral status: effects on physical performance. Nutrition. 2004; 20: 632-44.
25. Weight LM, et al. Dietary iron deficiency and sports anaemia. Br J Nutr. 1992; 68: 253-60.
26. Meyer N, Reguant-Closa A. Nutrients.2017; 9(4). pii: E412. doi: 10.3390/nu9040412. ©2017 by the authors. Licensee MDPI, Basel, Switzerland. This article is an open access article distributed

under the terms and conditions of the Creative Commons Attribution (CC BY) license (http://creativecommons.org/licenses/by/4.0/).
27. Thomas DT, et al. American College of Sports Medicine Joint Position Statement. Nutrition and Athletic Performance. Med Sci Sports Exerc. 2016; 48: 543-68.
28. 鳥居俊．陸上―成長期中長距離走選手におけるスポーツ障害とその予防―．臨床スポーツ医学．2016; 33: 1088-92.
29. Mancini LA, et al. Celiac disease and the athlete. Curr Sports Med Rep. 2011; 10: 105-8.
30. 内山英司．疲労骨折の疫学．臨床スポーツ医学．2003; 20: 92-8.
31. 津田英一．疲労骨折の治療と予防．臨床スポーツ医学．2015; 32: 404-11.
32. 田原圭一郎．陸上競技ジュニア選手のスポーツ外傷・障害調査における疲労骨折に関する検討．陸上競技研究紀要．2016; 12: 179-81.
33. 田原圭一郎．陸上競技ジュニア・ユース選手のスポーツ外傷・障害調査における疲労骨折に関する検討―全日本中学校陸上競技選手権大会・全国中学校駅伝大会の調査―．陸上競技研究紀要．2017; 13: 289-92.
34. 田原圭一郎．大学陸上競技選手のスポーツ外傷・障害調査における疲労骨折に関する検討―日本学生陸上競技対校選手権大会・全日本大学駅伝対校選手権大会・全日本大学女子駅伝対校選手権大会の調査―．陸上競技研究紀要 2018; 14: 262-65.
35. Barry DW, et al. BMD decreases over the course of a year in competitive male cyclists. J Bone Miner Res. 2008; 23: 484-91.
36. Klesges RC, et al. Changes in bone mineral content in male athletes. Mechanisms of action and intervention effects. JAMA. 1996; 276: 226-30.
37. Ruohola JP, et al. Association between serum 25(OH)D concentrations and bone stress fractures in Finnish young men. J Bone Miner Res. 2006; 21: 1483-8.
38. Shimasaki Y, et al. Evaluating the Risk of a Fifth Metatarsal Stress Fracture by Measuring the Serum 25-Hydroxyvitamin D Levels. Foot Ankle Int. 2016; 37: 307-11.
39. 厚生労働省．平成 29 年国民健康・栄養調査報告（平成 30 年 12 月）．https://www.mhlw.go.jp/content/000451755.pdf
40. Mountjoy M, et al. The IOC consensus statement: beyond the Female Athlete Triad–Relative Energy Deficiency in Sport (RED-S). Br J Sports Med. 2014; 48: 491-7.
41. Nattiv A, et al. American College of Sports Medicine position stand. The female athlete triad. Med Sci Sports Exerc. 2007; 39: 1867-82.
42. 日本陸上競技連盟．陸上競技ジュニア選手のスポーツ外傷・障害調査　インターハイ出場選手報告～第 1 報（2014 年度版）～．2015.
43. 日本陸上競技連盟．陸上競技ジュニア選手のスポーツ外傷・障害調査～第 2 報（2016 年度版）～．2017.
44. 日本陸上競技連盟．陸上競技ジュニア選手のスポーツ外傷・障害調査～第 3 報（2017 年度版）～中学生アスリート調査．2018.
45. 難波聡．スポーツとやせ―女子ジュニアアスリートの低体重に伴う初経発来遅延、骨密度低下など―．小児内科．2015; 47: 1371-5.
46. 難波聡．女性アスリートの月経異常を考える．産婦人科の実際．2015; 64: 1512-7.
47. 難波聡．若年女性のスポーツ障害へのトータルヘルスケア―こんなときどうする？：三主徴の原因と対応．臨床婦人科産科．2017; 71: 620-5.
48. Loucks AB, et al. Luteinizing hormone pulsatility is disrupted at a threshold of energy availability in regularly menstruating women. J Clin Endocrinol Metab. 2003; 88: 297-311.
49. 鳥居俊．女子長距離走選手における初経発来前のトレーニング開始は初経発来遅延や骨密度低下と関係する．発育発達研究．2006; 32: 1-6.
50. Mountjoy M, et al. International Olympic Committee (IOC) Consensus Statement on Relative Energy Deficiency in Sport (RED-S): 2018 Update. Int J Sport Nutr Exerc Metab. 2018; 28: 316-31.

51. Tenforde AS, et al. Parallels with the Female Athlete Triad in Male Athletes. Sports Med. 2016; 46: 171-82.
52. 気象庁．日本の年平均気温偏差の経年変化（1898～2018年）．https://www.data.jma.go.jp/cpdinfo/temp/an_jpn.html
53. 総務省消防庁．熱中症情報．https://www.fdma.go.jp/disaster/heatstroke/post3.html
54. 厚生労働省．人口動態統計 2018．https://www.mhlw.go.jp/toukei/saikin/hw/jinkou/geppo/m2018/09.html
55. Time-j.net. 気温と雨量の統計：東京都．https://weather.time-j.net
56. 日本救急医学会 熱中症に関する委員会．熱中症の実態調査―日本救急医学会 Heatstroke STUDY2012 最終報告―．日本救急医学会雑誌．2014; 25: 846-62.
57. 日本救急医学会 熱中症に関する委員会．本邦における熱中症の現状―日本救急医学会 Heatstroke STUDY2010 最終報告―．日本救急医学会雑誌．2012; 23: 211-30.
58. 独立行政法人日本スポーツ振興センター学校安全部．平成 30 年度スポーツ庁委託事業　学校における体育活動での事故防止対策推進事業．熱中症を予防しよう―知って防ごう熱中症―．https://www.jpnsport.go.jp/anzen/anzen_school/taisaku/nettyuusyo/tabid/114/Default.aspx#a
59. 環境省．熱中症 環境保健マニュアル 2018．http://www.wbgt.env.go.jp/pdf/manual/heatillness_manual_full.pdf
60. 上條義一郎．発汗のメカニズム．臨床スポーツ医学．2017; 34: 362-66.
61. American College of Sports Medicine, Armstrong LE, et al. American College of Sports Medicine position stand. Exertional heat illness during training and competition. Med Sci Sports Exerc. 2007; 39: 556-72.
62. Casa DJ, et al. National Athletic Trainers' Association Position Statement: Exertional Heat Illnesses. J Athl Train. 2015; 50: 986-1000.
63. 田畑尚吾ら．競技での熱中症予防対策―市民マラソンにおける熱中症予防対策．臨床スポーツ医学．2018; 35: 728-35.
64. Yaglou CP, et al. Control of heat casualties at military training centers. AMA Arch Ind Health. 1957; 16: 302-16.
65. 日本スポーツ協会．熱中症予防のための運動指針（第 5 版）．https://www.japan-sports.or.jp/medicine/heatstroke/tabid922.html
66. Roberts WO. Exertional heat stroke during a cool weather marathon: a case study. Med Sci Sports Exerc. 2006; 38: 1197-203.
67. 天野達郎ら．対策に必要な基礎知識―運動時の体温調節．臨床スポーツ医学．2018; 35: 660-63.
68. Armstrong LE, et al. Thermal and circulatory responses during exercise: effects of hypohydration, dehydration, and water intake. J Appl Physiol. 1997; 82: 2028-35.
69. Below PR, et al. Fluid and carbohydrate ingestion independently improve performance during 1 h of intense exercise. Med Sci Sports Exerc. 1995; 27: 200-10.
70. Nichols AW. Heat-related illness in sports and exercise. Curr Rev Musculoskelet Med. 2014; 7: 355-65.
71. Morton RH. Effects of caffeine, ephedrine and their combination on time to exhaustion during high-intensity exercise. Eur J Appl Physiol Occup Physiol. ; 80: 610-12.
72. 日本救急医学会．熱中症診療ガイドライン 2015．http://www.jaam.jp/html/info/2015/pdf/info-20150413.pdf
73. 日本スポーツ協会．スポーツ活動中の熱中症予防ガイドブック．https://www.japan-sports.or.jp/Portals/0/data/supoken/doc/heatstroke_0531.pdf
74. Garthe I, et al. Athletes and Supplements: Prevalence and Perspectives. Int J Sport Nutr Exerc

Metab. 2018; 28: 126-38.
75. Tscholl P, et al. The use of drugs and nutritional supplements in top-level track and field athletes. Am J Sports Med. 2010; 38: 133-40.
76. Tscholl P, et al. The use of medication and nutritional supplements during FIFA World Cups 2002 and 2006. Br J Sports Med. 2008; 42: 725-30.
77. Knapik JJ, et al. Prevalence of Dietary Supplement Use by Athletes: Systematic Review and Meta-Analysis. Sports Med. 2016; 46: 103-23.
78. 田畑尚吾ら. スポーツサプリメントの現状. 臨床栄養. 2019; 134: 200-7.
79. Maughan RJ, et al. IOC consensus statement: dietary supplements and the high-performance athlete. Br J Sports Med. 2018; 52: 439-55.
80. 国立スポーツ科学センター. サプリメント@JISS. https://www.jpnsport.go.jp/jiss/Portals/0/special/supplement/doc/supplement_jiss.pdf
81. Singh A, et al. Chronic multivitamin-mineral supplementation does not enhance physical performance. Med Sci Sports Exerc. 1992; 24: 726-32.
82. Fry AC, et al. Effect of a liquid multivitamin/mineral supplement on anaerobic exercise performance. Res Sports Med. 2006; 14: 53-64.
83. Alshahrani F, et al. Vitamin D: deficiency, sufficiency and toxicity. Nutrients. 2013; 5: 3605-16.
84. Iber FL, et al. Thiamin in the elderly—relation to alcoholism and to neurological degenerative disease. Am J Clin Nutr. 1982; 36: 1067-82.
85. Reid IR, et al. Calcium supplements: benefits and risks. J Intern Med. 2015; 278: 354-68.
86. 大竹孝明ら. 鉄と発癌. 日本内科学会雑誌. 2010; 99: 1277-81.
87. McClung JP, et al. Female athletes: a population at risk of vitamin and mineral deficiencies affecting health and performance. J Trace Elem Med Biol. 2014; 28: 388-92.
88. Alaunyte I, et al. Iron and the female athlete: a review of dietary treatment methods for improving iron status and exercise performance. J Int Soc Sports Nutr. 2015; 12: 38.
89. 張替秀郎. 鉄代謝と鉄欠乏性貧血—最近の知見—. 日本内科学会雑誌. 2015; 104: 1383-88.
90. Lanhers C, et al. Creatine Supplementation and Lower Limb Strength Performance: A Systematic Review and Meta-Analyses. Sports Med. 2015; 45: 1285-94.
91. Lanhers C, et al. Creatine Supplementation and Upper Limb Strength Performance: A Systematic Review and Meta-Analysis. Sports Med. 2017; 47: 163-73.
92. 杉浦克己. 開発に関連する研究者の立場から—糖質・クレアチン. 臨床スポーツ医学. 2002; 19: 1157-60.
93. Kerksick CM, et al. ISSN exercise & sports nutrition review update: research & recommendations. J Int Soc Sports Nutr. 2018; 15: 38.
94. Kreider RB, et al. International Society of Sports Nutrition position stand: safety and efficacy of creatine supplementation in exercise, sport, and medicine. J Int Soc Sports Nutr. 2017; 14: 18.
95. Davis JK, et al. Caffeine and anaerobic performance: ergogenic value and mechanisms of action. Sports Med. 2009; 39: 813-32.
96. Ganio MS, et al. Effect of caffeine on sport-specific endurance performance: a systematic review. J Strength Cond Res. 2009; 23: 315-24.
97. Schneiker KT, et al. Effects of caffeine on prolonged intermittent-sprint ability in team-sport athletes. Med Sci Sports Exerc. 2006; 38: 578-85.
98. Wellington BM, et al. The Effect of Caffeine on Repeat-High-Intensity-Effort Performance in Rugby League Players. Int J Sports Physiol Perform. 2017; 12: 206-10.
99. Maughan RJ, et al. Caffeine ingestion and fluid balance: a review. J Hum Nutr Diet. 2003; 16: 411-20.

100. Geyer H, et al. Analysis of non-hormonal nutritional supplements for anabolic-androgenic steroids - results of an international study. Int J Sports Med. 2004; 25: 124-9.
101. 小田あずさら. 陸上競技と栄養. 全国高等学校体育連盟陸上競技部 編. ジュニア陸上競技マニュアル. 陸上競技社 2006: 33-40.
102. Sugiura K, et al. Nutritional intake of elite Japanese track-and-field athletes. Int J Sport Nutr. 1999; 9: 202-12.
103. F-MARC. The benefits of eating well. Nutrition for Football : A practical guide to eating and drinking for health and Performance. FIFA, 2010.

イラスト .... 松尾 彩季
　　　　　　川本 満
調理 .... 根岸 絹恵
スタイリング .. 髙田 陽子
撮影 .... 梶山 かつみ
デザイン .... 有限会社 インテグラルプラス
編集 .... 毛利 公子・三好 温

今より強く！を目指して
～アスリートの身体づくりと食のエッセンス

2019年11月27日発行

編著 .... 公益財団法人日本陸上競技連盟 医事委員会

発行人 ...... 須永 光美

発行所 ...... ライフサイエンス出版株式会社
　　　　　　〒 105-0014 東京都港区芝 3-5-2
　　　　　　TEL：03-6275-1522（代）　FAX：03-6275-1527
　　　　　　http://www.lifescience.co.jp/

印刷 .... 大日本印刷株式会社

Printed in Japan
ISBN 978-4-89775-399-7 C0075
Ⓒ ライフサイエンス出版 2019

JCOPY　＜（社）出版者著作権管理機構　委託出版物＞
本書の無断複写は著作権法上での例外を除き禁じられています。
複写される場合は、そのつど事前に（社）出版者著作権管理機構
（電話 03-5244-5088、FAX 03-5244-5089、e-mail:
info@jcopy.or.jp）の許諾を得てください。

乱丁本、落丁本は購入書店明記の上、小社までお送りください。
送料は小社負担にて、お取り替えいたします。